Wie wär's mit uns beiden?

Susanne Wendel und Frank-Thomas Heidrich

Bibliografische Information der Deutschen Bibliothek. Die Deutsche Bibliothek verzeichnet diese Publikation in der Deutschen Nationalbibliografie; detaillierte bibliografische Daten sind im Internet unter http://dnb.ddb.de abrufbar.
© 2014 Susanne Wendel und Frank-Thomas Heidrich,
   Health & Fun GmbH.
Diese Auflage ist erschienen im HORIZON Medienverlag www.horizonworld.de – Alle Rechte vorbehalten.

Buchcoaching (Redaktion und Projektmanagement):
Isabella Kortz, www.buchcoaching.de
Korrektorat: Susann Harring und Birgit Walter
Layout und Satz: Katja Muggli, www.katjamuggli.de
Umschlaggestaltung und Coverillustration: Münsmedia, www.münsmedia.de
Druck und Bindung: Litotipografia ALCIONE
Printed in Italy
ISBN: 978-3-942880-06-0
Fotografen Bildteil: *Thomas Kirchweger*, Wien: www.facebook.com/EyesofTK (Frank-Thomas Bad Guy, Susanne Wendel Top Speaker, Spaß beim Fotoshooting 2013). *Elisabeth Pfahler-Scharf*, München: www.emotionsfotografin.de (Die Rampensau auf der Bühne, 2012). *Anita Troller*, Zürich: www.interconnections.ch und Wailea GmbH: www.wailea.de (alle Bilder von 2008). *Christine Pongratz*, München (Happy Birthday zum 40. 2012)

Die Ratschläge und Informationen in diesem Buch sind von den Autoren, ihren Mitarbeitern und dem Verlag sorgfältig erwogen und geprüft worden, dennoch kann keine Garantie übernommen werden. Eine Haftung der Autoren und ihrer Beauftragten bzw. des Verlages für Personen-, Sach- und Vermögensschäden ist ausgeschlossen.

INHALT

EINLEITUNG 5

PROLOG 7

KAPITEL 1	Unsere früheren Leben – der ganz normale Beziehungswahnsinn	11
KAPITEL 2	Die erste Begegnung	21
KAPITEL 3	Susanne – die ewig Suchende	29
KAPITEL 4	Frank-Thomas – der ewig Schüchterne	44
KAPITEL 5	Umwege erhöhen die Ortskenntnis	51
KAPITEL 6	Es reicht!	61
KAPITEL 7	Die Fünf-Männer-Liste	66
KAPITEL 8	Der Moment, in dem sich alles ändert	78
KAPITEL 9	Tag 1	81
KAPITEL 10	Die Wende: Wir sind jetzt verlobt	88
KAPITEL 11	Anfangsschwierigkeiten	95
KAPITEL 12	Überraschungen	102
KAPITEL 13	Unsere geheimen Hintertürchen	112
KAPITEL 14	Der verrückteste Geburtstag des Jahres	119
KAPITEL 15	Umzug zu den Millionären	122
KAPITEL 16	Porschefahren zum Kap der guten Hoffnung	129
KAPITEL 17	„Frau Wendel, ich habe Ihren Plan!"	137
KAPITEL 18	Alles auf einmal: Baby, Buch & Business	142
KAPITEL 19	Hochschwangere Höhepunkte	151
KAPITEL 20	Endlich angekommen	165
KAPITEL 21	Die nächste Krise kommt bestimmt	173
KAPITEL 22	Business & Baby rund um die Uhr – und wo bleibt der Sex?	179

KAPITEL 23	Neue Impulse am anderen Ende der Welt	184
KAPITEL 24	Feierabend in der Männer-WG	190
KAPITEL 25	Liebesbrief aus Hawaii	195
KAPITEL 26	Zwischen den Jahren	198

EPILOG 200

NACHWORT VON SONJA BECKER 203

BÜCHER UND FILME, DIE UNS INSPIRIEREN 208

WIDMUNG

Wir danken unseren Eltern, ohne die wir beide nicht hier auf dieser Welt wären. An unserem eigenen Sohn sehen wir, was für eine Wahnsinnsaufgabe es ist, ein Kind großzuziehen. Und der ist erst ein Jahr alt ...

Und wir danken unseren Mentorinnen Sonja Becker und Irene Xander, ohne die wir beide kein Paar wären. Erwachsene Menschen können manchmal auch wie Babys sein, und die durch wichtige Lebensphasen zu begleiten, ist mindestens genau so eine Wahnsinnsaufgabe ...

EINLEITUNG

VERLOBEN, OHNE VERLIEBT ZU SEIN – WER MACHT DENN SO ETWAS?

Wir, die Autoren dieses Buches – Susanne und Frank-Thomas –, haben im Jahr 2011 ein ganz besonderes Experiment gewagt: Wir haben uns verlobt, obwohl wir nicht ineinander verliebt waren. Wir sind am Tag der Entscheidung zusammengezogen, haben innerhalb von kurzer Zeit ein Baby bekommen und eine GmbH gegründet, und Susanne hat zwei Bücher geschrieben. Der Verlauf und die Ergebnisse unseres Beziehungsexperiments haben nicht nur unser gesamtes Umfeld, sondern vor allem auch uns selbst sehr erstaunt und überrascht. Unsere Geschichte und unsere Erfahrungen erzählen wir in diesem Buch, weil wir glauben, dass auch andere Paare und Singles aus unseren Entscheidungen, Höhen und Tiefen, Widerständen und Glücksmomenten viel lernen können für ihr eigenes Leben und ihre Beziehungen. Zweieinhalb Jahre im Leben von zwei ganz normalen Menschen, die es anders gemacht haben als alle anderen.

Eine Beziehung ohne Verliebtsein zu beginnen – funktioniert das wirklich? Und wenn ja: wie? Kann man sich bewusst in jemanden verlieben? Was bedeutet es, mit einem Menschen zusammenzuziehen, mit ihm Sex zu haben, ein Baby zu bekommen, obwohl keiner von beiden in den anderen verliebt ist? Wie sieht der Alltag in einer solchen Beziehung aus? Wo sind die Herausforderungen, wo die Highlights? Wo sind tiefe Ängste, aber auch unerwartetes Glück? Und: Woher kommt die Liebe, wenn sie am Anfang nicht da ist?

Wir beide sind all diesen Fragen selbst nachgegangen und haben erforscht, was passiert, wenn man sich ohne Kompromisse auf einen Menschen einlässt, den man nicht mit der rosaroten Brille anschaut, sondern von Anfang an so, wie er wirklich ist. Und wir fragen uns heute, ob unsere gesamte Gesellschaft – in der Beziehungen grundsätzlich romantisch beginnen – womöglich ein verdrehtes Bild von Zweisamkeit und Partnerschaft hat? Wir haben entdeckt, ob und wie sich Liebe jenseits von Projektionen und unrealistischen Traumvorstellungen entwickelt. Was wir auf unserer Forschungsreise herausgefunden haben, das können Sie auf den nächsten 210 Seiten lesen.

Dieses Buch ist ehrlich. Manchmal schonungslos. Oft komisch. Eben so, wie Leben ist. Aus der Sicht eines Mannes und einer Frau.

Wir wünschen Ihnen viel Spaß und viele Aha-Momente beim Lesen. Und vor allem – eine glückliche Beziehung!

Susanne Wendel und Frank-Thomas Heidrich, Frühjahr 2014

Liebe Leser,

dieses Buch erzählt eine wahre Geschichte von zwei echten Menschen, die sehr viel Herzblut hineingesteckt haben. Wir möchten Sie zu einem Experiment einladen: Wir bitten Sie, diese Geschichte als Mensch zu lesen und nicht mit den üblichen Meinungen, Urteilen oder Moralvorstellungen. Als Mensch, der selbst Ängste, Sorgen, Glück, Leidenschaft, Liebe und vieles mehr empfindet. Wir leben im 21. Jahrhundert und jeder hat das Recht, so zu sein, wie er ist, und so zu leben, wie er leben will. Wir beschreiben hier teilweise sehr offen, wie wir sind und wie wir leben. Die Personen in diesem Buch sind echt, und alles ist genau so passiert. Natürlich haben wir teilweise die Namen der Beteiligten geändert und einige Details weggelassen. Das alles mag Sie inspirieren oder abstoßen oder langweilen. Letztlich kommt es drauf an, was Sie für sich selbst daraus ableiten. Wir möchten Sie einladen, nicht alles sofort mit einem „gut" oder „schlecht" abzustempeln, sondern neugierig zu werden!

PROLOG

♥ **Susanne:** 41 Jahre alt, Ernährungswissenschaftlerin, seit 13 Jahren selbständig als Gesundheitsexpertin, Referentin und Autorin von diversen Gesundheitsratgebern und Sachbüchern. Sie war schon oft im Fernsehen und in der Presse, liebt Auftritte vor großem Publikum und ist seit sechs Jahren auch als Coach tätig – für Menschen, die sich selbstständig machen oder ein Buch schreiben wollen.

Ein Montagmorgen im Juni 2013, 7:00 Uhr

♥ **Susanne:** Mein sechs Monate altes Baby, das direkt neben mir in seinem Bettchen kniet, weckt mich mit seinen munteren Stimmübungen und guckt mich mit riesengroßen, neugierigen Augen an. Wie süß! Ich glaube, es gibt auf der ganzen Welt nichts Schöneres, als beim Aufwachen in die Augen des eigenen Kindes zu blicken. Nur: 7:00 Uhr ist definitiv nicht meine Zeit! Nachdem ich nachts schon ein Fläschchen gemacht habe, mag ich jetzt einfach noch nicht aufstehen. Und das muss ich auch nicht! Nein, ich drehe mich noch einmal um, denn Frank-Thomas schnappt sich den Kleinen, um ihm eine neue Windel zu verpassen, seine Morgenmilch zu machen und unser gemeinsames Frühstück vorzubereiten. Und ich? Ich döse noch ein wenig weiter. Im Halbschlaf höre ich die beiden im Kinderzimmer und in der Küche hantieren. Ich habe wirklich Glück, denke ich. Welche Frau hat schon einen Partner, der sich nicht nur ums Baby kümmert, sondern auch in allen anderen Lebensbereichen voll hinter ihr steht und sie unterstützt? Frank-Thomas ist sogar in mein Business eingestiegen, als mein Manager, und wir haben eine gemeinsame Firma gegründet. Genau das, wovon ich immer geträumt habe. Ich bin die glücklichste Frau der Welt. Ich muss schmunzeln: Dass er der Vater meines Kindes werden würde, das hätte ich vor gar nicht allzu langer Zeit nie gedacht. Ausgerechnet er!

PROLOG

Zwei Jahre zuvor, an einem Sonntagmorgen im Juni 2011
Heute ist der Tag, der mein Leben verändern wird. Ab heute Abend wird alles anders sein als vorher. Ich habe an diesem Morgen noch keine Ahnung, dass es so schnell gehen wird. Ich kann mir noch nicht vorstellen, dass die richtige Frage im richtigen Moment alles auf den Kopf stellen wird. Ich bin so frustriert, wie ich es selten zuvor in meinem Leben war. Sechs Jahre nach der Trennung von meinem ersten Ehemann habe ich es immer noch nicht geschafft, eine neue Beziehung zu haben, die mich glücklich macht. Viele Männer in Reichweite, aber keiner, der bleiben will. Oder eben nur platonische Freundschaften. Ich bin Ende 30 und habe noch immer keine Kinder – was ich mir eigentlich schon sehr lange wünsche. Ich bin seit Jahren erfolgreich selbstständig, Karriere habe ich immerhin schon gemacht.

Hat meine Mutter etwa doch recht, dass es nicht möglich ist, im Beruf erfolgreich zu sein und gleichzeitig Kinder großzuziehen?

Diese Frage begleitet mich schon lange. Jedenfalls ist dieser Sonntag der letzte Tag eines Wochenendseminars, an dem ich teilnehme und in dem es um tiefgreifende Fragen der Selbstfindung geht. Ich bin aufgeregt, denn ich weiß, dass heute etwas passieren wird. In den letzten Tagen habe ich mich dezent zurückgehalten, die anderen beobachtet und wenig gesagt. Jeder Einzelne der anderen Teilnehmer hat von den beiden Trainerinnen bereits wertvolle Feedbacks und Hinweise erhalten – darüber, was ansteht, welche nächsten Schritte gut wären und wo er oder sie sich selbst noch im Weg steht. Ich habe in meinem Kopf bereits ganz deutlich die Frage formuliert, die ich nachher stellen werde: Wie finde ich endlich den richtigen Mann? Was ich mir in meinen kühnsten Träumen nicht vorstellen kann, ist, dass noch am selben Abend Frank-Thomas bei mir einziehen wird und ich entscheiden werde, mich fünf Tage später mit ihm zu verloben …

PROLOG

★ **Frank-Thomas:** 45 Jahre alt, Maschinenbauingenieur, war 15 Jahre lang im Vertrieb im Bereich Fördertechnik (= Aufzüge, Rolltreppen) angestellt. Seit drei Jahren ist er selbstständig und arbeitet freiberuflich für ein Ingenieurbüro. Gleichzeitig ist er Susannes Manager und baut sich eine Selbstständigkeit als Teamtrainer und Coach auf. Als passionierter Motorradfahrer bietet er Motorradtouren und Coaching unter anderem in seinem Lieblingsland Südafrika an.

Juni 2013, Montagmorgen, 7:30 Uhr
★ **Frank-Thomas:** Was für ein Glück. Was für ein wunderschöner Morgen. Ich stehe in der Küche und schneide frisches Obst für mich und Susanne, unser Baby robbt auf dem Küchenboden, macht abwechselnd quietschende und gurgelnde Laute und blickt immer wieder neugierig zu mir hoch. Schon immer habe ich mir gewünscht, eine Familie und Kinder zu haben. Doch dass ich meinen Sohn so intensiv aufwachsen sehen würde, hätte ich nicht zu träumen gewagt. Wenn ich noch in meinem alten Job wäre, müsste ich genau jetzt das Haus verlassen und wäre bis abends im Büro oder irgendwo unterwegs. Ich würde den Kleinen wohl vor allem schlafend oder am Wochenende sehen – oder an einem der Gleitzeittage, die meine Firma immerhin schon eingeführt hatte. Nein, so ist es besser, um nicht zu sagen, es ist perfekt. Ich habe eine fantastische Frau, mit ihr einen niedlichen kleinen Sohn, bin mein eigener Chef und kann meinen Tag so gestalten, wie ich will. Schon in meiner Studienzeit habe ich von der Selbstständigkeit geträumt. Und jetzt bin ich sogar Geschäftsführer meiner eigenen GmbH!

Allerdings hätte ich mir selbst in meinen kühnsten Träumen nicht vorstellen können, dass ich eines Tages ein Sexbuch vermarkten würde, das auch noch meine eigene Frau geschrieben hat, und ein Auto fahren würde, auf dem in großen Lettern „gesundgevögelt" steht.

Ich, der ich in Sachen Sex ein totaler Spätzünder gewesen bin. Skurril. Ich muss breit grinsen …

Juni 2011, Sonntagmorgen
Vor drei Tagen rief mich eine Bekannte an, die Seminare für Führungscoaching und Persönlichkeitstraining anbietet, und fragte mich, ob ich am Wochenende bei einer dreitägigen Veranstaltung in München als Co-Trainer für das Assistententeam mitmachen könnte. Klar, das kann ich! Seit ich wieder Single bin, habe ich Zeit an den Wochenenden, und ich habe dieses Seminar selbst auch schon einmal mitgemacht. Es ist wirklich gut und sehr intensiv, da passieren immer interessante Dinge. Außerdem bin ich gerade dabei, mich als Coach selbstständig zu machen, da kann ich viel lernen. Susanne, die ich seit etwa dreieinhalb Jahren kenne, ist auch Teilnehmerin dieses Seminars. Was für sie heute wohl herauskommen wird? Sie ist nett, aber wir sind nur befreundet, mehr nicht. Mit dem Thema Frauen habe ich für den Moment abgeschlossen, meine letzte Beziehung steckt mir noch in den Knochen. Das Abenteuer Liebe habe ich also gerade überhaupt nicht auf dem Schirm. Heute ist der dritte Seminartag, ich bin leicht angespannt und überlege, was alles zu tun ist. Nach dem Frühstück packe ich meine Tasche, denn heute Abend fahre ich zurück in meine Wohnung nach Düsseldorf. Ich verabschiede mich von meinen Freunden, die mir an diesem Wochenende einen Platz auf ihrer Couch zur Verfügung gestellt haben, und überlege kurz, wann ich wohl das nächste Mal nach München kommen werde. Mein Plan sieht viel vor, nur nicht, dass ich gar nicht wegfahren und meine Wohnung erst in einigen Wochen wiedersehen werde …

KAPITEL 1

UNSERE FRÜHEREN LEBEN – DER GANZ NORMALE BEZIEHUNGSWAHNSINN

„Beziehung kann so einfach sein. Leider sagt einem niemand, worauf man achten muss. Wenn ich schon früher gewusst hätte, was ich heute weiß ..." Susanne, Dezember 2013

♥★ **Susanne und Frank-Thomas:** waren früher eine ganze Zeit lang frustrierte Singles. Wie so viele Menschen heutzutage. Angeblich wird die Hälfte aller Haushalte in Großstädten nur von einer Person bewohnt – eventuell kommt noch eine Katze oder ein Hamster dazu. Wir hatten uns irgendwann so sehr in unseren Vorstellungen von passenden Partnern verfangen, dass gar nichts mehr ging. Zumindest nicht das, was wir wollten. Aus unserer Sicht lag das natürlich an allen möglichen blöden Umständen, Hindernissen und Menschen, aber keinesfalls an uns selbst. Kein Single ist der Meinung, er oder sie hätte unerfüllbare Erwartungen, obwohl sicher jeder den Spruch kennt: „Für Dich muss erst jemand gebacken werden".
Wenn man mit Leuten spricht, die auf Partnersuche sind, bekommt man den Eindruck, dass es auf dem Singlemarkt nur Idioten und Zicken gibt. Die Guten sind ja alle in einer Beziehung. Oder sie sind von ihren Ex-Partnern so traumatisiert, dass man lieber die Finger von ihnen lässt. Oder? Fakt ist: Die Menschen heute wissen ziemlich genau, was sie wollen und was sie nicht wollen. Und je älter sie werden, umso genauer wissen sie das.

Heute hat jeder alle Möglichkeiten, sein Leben so zu gestalten, wie es zu ihm bzw. ihr passt, und logischerweise wünscht er oder sie sich den passenden Partner/die passende Partnerin dazu.

Das ist legitim und theoretisch ja auch kein Problem. Praktisch scheitert dieser Wunsch leider allzu häufig, weil niemand so recht weiß, wie man eine moderne Beziehung führt, die den Wünschen beider Partner gerecht wird. Es gibt so gut wie keine Vorbilder. Beziehung heute ist eine komplexe Sache. Viel komplizierter als früher, als die Rollen klar definiert waren und jeder wusste, wo sein Platz im Leben ist. Gleichzeitig bietet Beziehung heute so viele Ausdrucksmöglichkeiten, Facetten und Chancen wie nie zuvor. Wir finden: Im 21. Jahrhundert eine Beziehung zu führen, ist fantastisch! Doch fangen wir von vorne an! Und zwar bei uns selbst und unseren früheren Leben, beim Frust des ganz normalen Single- und Beziehungswahnsinns.

♥ **Susanne:** Heute kann ich nur den Kopf darüber schütteln, wie sehr ich mir selbst im Weg stand. Da bekommst Du deinen Traummann auf dem Silbertablett serviert und kriegst es gar nicht mit. Stattdessen nimmst du einen anderen, der überhaupt nicht passt, und beweist damit, dass es ausgerechnet für dich den Richtigen nicht gibt. Und du denkst die ganze Zeit: „Alle Männer sind scheiße". Ich hatte unglaublich viele Wünsche, ein deutliches inneres Bild von meinem Traummann, doch wenn mich jemand gefragt hat, habe ich immer gesagt: „Ach, ich will einfach nur eine Beziehung mit einem netten Mann, ich bin gar nicht anspruchsvoll." Das habe ich auch wirklich selbst geglaubt. Aber wenn ich ehrlich bin: Mir war wichtiger, welche Figur ein Mann hatte oder welchen Dialekt er sprach, als welche Einstellung er zu Familiengründung und Kindern hatte. Übergewicht ging gar nicht. Und ein Ossi erst recht nicht. Verrückt, oder?

> **Ich wollte definitiv Kinder haben. Aber nur mit einem schlanken Mann, der den richtigen Dialekt spricht. Heute denke ich: War ich eigentlich bescheuert?**

★ *Frank-Thomas:* Bei mir fing das Singledrama schon in meiner Jugend an: Zuerst fand ich mich zu hässlich, dann habe ich gedacht, ich muss mehr Geld verdienen, um mir eine Frau leisten zu können, und dann habe ich mich geschämt, weil ich noch keine Erfahrung mit Frauen hatte. Ich habe mich immer mit anderen verglichen und bin stets zu dem Ergebnis gekommen: Die sind besser als ich. Schließlich kam der Tiefpunkt: die Hochzeit meines jüngeren Bruders. Eine große Party, 200 Leute, das ganz große Aufgebot. Jeder Zweite kam mit einem blöden Spruch um die Ecke: „Wann ist es denn bei Dir soweit?" Oder: „Sollen wir das Zelt gleich stehen lassen?" Ich habe mich echt gefragt, ob ich zu dämlich bin, eine Frau abzukriegen.

Wie finde ich den passenden Partner?
♥★ *Susanne und Frank-Thomas:* Diese Frage haben wir uns beide oft gestellt, und sie hat uns sehr gequält. Unter unseren Bekannten haben wir nur sehr wenige gefunden, die in ihrer Beziehung alles, was ihnen wichtig war, unter einen Hut bringen konnten. Die meisten haben es mit großem Engagement versucht – und sind früher oder später an ihren vielen Kompromissen gescheitert. „Wir passen einfach nicht zusammen!", hieß es dann bei vielen, wenn sie sich wieder trennten. Offensichtlich braucht es heute etwas anderes als in der Generation unserer Eltern und Großeltern. Nur was? Früher war klar: Der Mann verdient das Geld, mit einem Job, den er wahrscheinlich sein ganzes Leben lang behält. Und die Frau kümmert sich um Haushalt und Kinder. Bei der Hochzeit freut sich der Mann auf lebenslangen Gratissex und die Frau darauf, versorgt zu werden. Der Deal ist: Sex gegen Geld. Wenn die Rollen im Leben so klar definiert, vorhersehbar und im Grunde genommen langweilig sind, ist das Kribbeln im Bauch ein großes Highlight. Doch der Lebensstil in der westlichen Welt hat sich in den letzten Jahren drastisch geändert. Frauen brauchen keinen Versorger mehr, und Männer haben selbst auch Spaß daran, sich um die Kids zu kümmern.

> **Frauen versuchen sich im Business und Männer in Familie,
> was häufig dazu führt, dass beide den Respekt voreinander verlieren.**

Was ist eigentlich Liebe?
Wahrscheinlich gibt es wenige Dinge auf dieser Welt, die Menschen so sehr faszinieren, wie dieses ganz besondere Phänomen, wenn zwei sich verbunden fühlen, sich zusammentun, sich gegenseitig anschauen und glauben, ihren Seelenpartner gefunden zu haben. Sich lieben. Jede Geschichte über Liebe zwischen zwei Menschen ist einzigartig und eigentlich unglaublich. Manchmal trifft die Liebe sogar mehrere Menschen. Liebe ist etwas so Individuelles, so Persönliches, dass es kaum möglich ist, dazu irgendwelche Tipps oder Ratschläge zu geben.

> **Deshalb ist dieses Buch höchst subjektiv. Unsere Geschichte zeigt,
> dass Liebe auch ganz anders funktionieren kann, als alle denken.**

Anders, als in allen Ratgebern beschrieben wird. Anders, als wir selbst gedacht haben. Alles, was wir hier schreiben, sind unsere persönlichen Erlebnisse und Gedanken. Unsere eigene, individuelle Definition von Liebe. Unsere Welten wurden einmal auf den Kopf gestellt. Und wir könnten uns vorstellen, dass das manch anderem auch guttun würde … Viele finden immer wieder die falschen Partner – oder gar keine. Vielleicht, weil alle glauben, Liebe sei etwas Mystisches. Etwas, das einem „passiert" und nicht etwas, das man selbst beeinflussen kann. Warum eigentlich nicht? Die Paarbeziehung sei ein wunderschönes Mysterium und gleichzeitig etwas sehr Schwieriges und Kompliziertes, sind Sätze, die man schon als Jugendlicher hört. „Liebe macht Dich himmelhoch jauchzend und zu Tode betrübt", haben unsere Mütter gesagt. Man verliebt sich in einen anderen Menschen, spürt dieses ganz bestimmte Kribbeln im Bauch, und der andere verliebt sich zurück oder umgekehrt, und dann wird man ein Paar. Nur dann. Denn schon, wenn nur einer von beiden davon nicht überzeugt ist, wird es meistens nichts. Der Mann soll das Herz der Frau erobern. Im Idealfall. Alle träumen von der Liebe auf den ersten Blick. Manchmal verlieben sich zwei, die vorher gute Freunde waren. Wenn sich die Verliebtheit in „echte" Liebe verwandelt, bleibt man zusammen, so lange, bis bei einem oder vielleicht auch beiden die Liebe wieder verschwindet, und dann trennt man sich und sagt: „Ich liebe Dich nicht mehr." Oder: „Ich liebe jemand anderen." Wenn das Paar zu diesem Zeitpunkt schon viel gemeinsam hat – ein Haus, Kinder, ein dickes Auto usw. –, dann gibt es riesengroßen Stress bei der Scheidung ... War das echte Liebe, wenn es so endet? Oder eine Illusion? Ist Liebe wirklich so kompliziert? Bei der Hochzeit glaubt sicher kein Paar, dass es sich mit einer Wahrscheinlichkeit von 50 Prozent wieder trennt, manchmal sogar in richtig schlimmen Rosenkriegen. Da darf man doch mal fragen:

Muss man verliebt sein, um eine Beziehung haben zu können?
Dass man nur eine Beziehung haben kann mit jemandem, in den man verliebt ist, das war auch für uns so selbstverständlich, dass wir uns gar nichts anderes vorstellen konnten. Wenigstens ein bisschen Kribbeln musste dabei sein. Das war so unverrückbar wie die Tatsache, dass die Erde eine Kugel und McDonald's ein Fast-Food-Restaurant ist. Ja klar, man liest immer wieder, dass es in anderen Ländern, zum Beispiel in Indien, noch die arrangierte Ehe gibt, dass Eltern oder Familienoberhäupter dort die Ehepartner aussuchen, doch so etwas empfinden wir im Westen als unmenschlich. Selbst wenn man immer wieder hört, dass solche Beziehungen durchaus sehr glücklich verlaufen können. Partnersuche aus politischen Gründen oder, um den Status der Familie zu verbessern? Geht gar nicht! Es kann sich heute auch keiner mehr so richtig vorstellen, dass Paare sich früher auch in westlichen Ländern nicht aus romantischen, sondern aus wirtschaftlichen oder gesellschaftlichen Gründen zusammengetan und geheiratet haben. Wer sich ein wenig

mit Geschichte auskennt, weiß, dass die Idee mit der Liebesheirat erst ungefähr 300 Jahre alt ist und dass diese zunächst auch nur der höheren Bürgerschicht vorbehalten war. In den niederen Schichten wurden die Partner von den Eltern ausgesucht oder man lebte in Zweckgemeinschaften, die vor allem dem Überleben dienten.

Die Epoche der Romantik, in der die Liebesheirat entstand, hat unser Bild von Beziehungen so nachhaltig geprägt, dass heute alle denken, Verliebtheit wäre ein Naturgesetz wie die Schwerkraft.

Romane und Kinofilme füttern diesen Mythos kräftig und immer wieder von Neuem. Jeder kennt die typischen Liebesromane: Nette junge Frau ist mit einem langweiligen Mann liiert, die Vernunftheirat steht kurz bevor, und dann lernt sie den Bruder ihres zukünftigen Mannes kennen. Der ist ein Abenteurer, männlich, attraktiv bis zum Umfallen, selbstbewusst, weiß genau, was er will, nämlich sie, und sie muss sich entscheiden, ob sie auf Nummer sicher gehen oder endlich die ganz große Liebe in ihr Leben lassen soll. Ganz egal, ob sie sich später für ihren Spießer-Mann oder für seinen Testosteron-Bruder entscheidet, eines ist klar: Sie wird denjenigen nehmen, in den sie am Ende des Buches heftiger verliebt ist.
„Shades of Grey" ist auch so ein Beispiel nach diesem Strickmuster. In den Medien hochgepuscht, weil es ein paar harmlose Sadomaso-Szenen enthält, und von den Kritikern zerrissen, wurde es dennoch viele Millionen Male gekauft. Weil es letztendlich eine Liebesgeschichte von einer schüchternen Prinzessin und einem starken Ritter mit Porsche und Hubschrauber ist. Und weil man als Leser immer wieder bangt: Ist ihre Liebe stark genug, trotz aller Widerstände? Wechselbad der Gefühle, wahre erfüllende Liebe, herzzerreißendes Drama, geiler Wiedervereinigungssex. So etwas wollen Menschen lesen!

Das Interessante ist: Jeder, der schon längere Beziehungen hatte, weiß, dass echte Liebe etwas anderes ist. Gefühle ändern sich. Täglich, manchmal stündlich.

Es ist normal, dass man seinen Partner heute fantastisch und morgen zum Kotzen findet, und dass man sich immer wieder für die Beziehung – und vor allem für die Liebe – entscheiden muss, auch wenn man sie längst hat.

Wenn man erst einmal zusammenlebt, geschweige denn Kinder miteinander hat, dann spielen völlig andere Dinge eine Rolle als die Verliebtheit am Anfang und die Gefühle für den anderen, die sich ja sowieso ständig ändern. Das leuchtet jedem sofort ein. Und trotzdem haben die Menschen immer wieder diese romantischen Vorstellungen und suchen ihren Partner nicht danach aus, was sie im Leben wollen – zum Beispiel Nachwuchs, ein Haus oder regelmäßiges Shopping in New York –, sondern danach, ob irgendetwas Undefinierbares in ihnen klick macht. Später müssen beide ständig Kompromisse machen, rennen zu Paartherapeuten und beschäftigen sich einen Großteil ihrer Freizeit über damit, was in ihrer Beziehung alles nicht läuft. Oder sie bleiben ewig Single. Ist das nicht eigentlich irre? Diese Diskrepanz zwischen Denken, Gefühlen und Handeln führt in modernen Großstädten wie München zu skurrilen Phänomenen – zum Beispiel zu einer Selbsthilfegruppe für ungewollt kinderlose Männer.

♥ *Susanne:* Ein Mann, der bei mir nicht ganz bestimmte Gefühle wecken konnte, hatte keine Chance. Punkt. Er konnte sich noch so viel Mühe geben, noch so sehr die gleichen Wünsche haben wie ich, zum Beispiel nach Familiengründung – wenn ich mich nicht zu ihm hingezogen fühlte, stand Weiteres nicht zur Diskussion. Es ging einfach nicht. Gleichzeitig habe ich mich immer wieder heftig in irgendwelche Kerle verguckt, die nicht das geringste Interesse an mir hatten. Ich habe mich monatelang gequält mit diesen „Liebesgefühlen", die nicht erwidert wurden. Das kennt wahrscheinlich jede Frau. Du verliebst dich in Männer, die dich nicht wollen, und umgekehrt verlieben sich Kerle in dich, die du nicht willst und die dich im Grunde genommen null interessieren, die einfach nicht attraktiv sind. Das sind dann die platonischen Freundschaften. Das Einzige, was für mich zählte, war mein Gefühl, dass „die Chemie stimmt". Das hat dann dazu geführt, dass ich über Jahre entweder keinen oder völlig unpassende Partner hatte, die in ihrem Leben ganz andere Dinge wollten als ich und an denen ich deshalb die ganze Zeit herumgezogen und -gezerrt habe. Ganz nach dem Motto: Irgendwann muss er es doch kapieren, dass er im Grunde seines Herzens ein Familienvater sein will. Keine Frage, dass ich Beziehungsstress hatte.

★ *Frank-Thomas:* Bei mir war das anders. Wenn ich ehrlich bin, habe ich erst gar keine Gefühle für Frauen entwickelt, ich habe mich nie verliebt. Nicht wirklich. Ich habe immer auf die Frau gewartet, die das in mir auslöst, mich mit anderen Dingen beschäftigt, mich in meine Arbeit gestürzt.

Ich weiß nicht, ob ich zu große Angst vor Ablehnung hatte oder ob ich zu anspruchsvoll war oder einfach nicht die Richtige getroffen habe, aber richtig verliebt war ich eigentlich nie.

Ich habe mich immer gefragt, wie das wohl ist und ob an mir irgendetwas falsch ist, weil ich dieses Gefühl nicht kenne. Und weil ich immer dachte, man müsse verliebt sein, hatte ich dann im Endeffekt bis Anfang 40 gar keine Partnerin.

Kann man Partnerschaft „designen"?
♥★ *Susanne und Frank-Thomas:* Wir modernen Menschen planen so ungefähr alles im Leben bis ins letzte Detail und wägen es von vorne bis hinten ab, von der Einrichtung unserer Wohnung über den jährlichen Sommerurlaub bis hin zur fondsgebundenen Altersvorsorge. Wir holen uns Angebote ein, recherchieren im Internet und lassen uns von verschiedenen Experten beraten, alles mit dem Ziel, das zu finden, was für uns am besten passt.

Doch das, was uns eigentlich am allerwichtigsten ist, das, was uns am meisten Energie gibt und uns häufig am meisten Energie raubt, nämlich die Beziehung zu unserem Lebenspartner, das überlassen wir dem Zufall, dem Schicksal und wirren Gefühlen, die einer Sucht gleichen und genauso schnell verschwinden, wie sie gekommen sind.

Es gibt durchaus Versuche von Partnerbörsen, Menschen pragmatisch nach ihren Interessen und Wünschen zusammenzubringen. Doch das funktioniert nur begrenzt, weil es nicht planbar ist, in wen man sich verliebt. Und weil sich die wenigsten Menschen in denjenigen verlieben, der die höchste „Matching"-Punktzahl hat. Kaum jemand ist bereit, in einer so wichtigen Sache wie Liebe, auf jemand anderen zu hören. Jeder meint, er wüsste es selbst am besten. Dabei können andere oft viel besser sehen, wer zu uns passt. Oft ist man sich selbst zu nah. Wir bauen lieber auf den verrückten Zufall, das große Glück, und darauf, dass die wahre Liebe irgendwann schon um die Ecke kommt. Natürlich nur, wenn wir nicht mehr darauf warten. Vom Glück betrunken und völlig benebelt, treffen wir dann die Wahl für einen Menschen, von dem wir in dem Moment glauben, dass er der Richtige oder die Richtige ist. Je spektakulärer das Kennenlernen, je heftiger die Gefühle, je schlimmer das Drama und der Herzschmerz, desto größer und wahrhaftiger die Liebe. Denken wir. Kann manchmal so sein. Muss es aber nicht.

KAPITEL 1

**Muss Liebe wirklich kompliziert sein?
Wie wär's, sich einfach jemanden auszusuchen, der passt?
Und sich dann in diese Person zu verlieben?**

Geht das? Können wir uns bewusst dafür entscheiden, uns in jemanden zu verlieben? Kann aus platonischer Freundschaft Liebe werden, einfach nur, weil man sich dafür entscheidet? Wir beide, Frank-Thomas und Susanne, wissen: Ja, das geht. Es lohnt sich, das auszuprobieren! Denn dann passiert wirklich etwas Neues im Leben. Etwas, das noch viel besser ist als alles, was man sich erhofft hatte. Zumindest bei uns beiden war das so. Es braucht dafür allerdings Mut und Risikobereitschaft. Und Neugier. Wir haben ziemlich lange gebraucht, um zu kapieren, dass unser Traumpartner längst in unserem Leben war. Wir standen uns ziemlich lange selbst im Weg. Daher dieses Buch. Vielleicht findet der eine oder andere dadurch eine Abkürzung …

KAPITEL 2

DIE ERSTE BEGEGNUNG

„Es ging alles damit los, dass wir uns in Kapstadt am Flughafen verpasst haben. Und dann hat es dreieinhalb Jahre gedauert, bis wir uns wirklich gefunden haben." Frank-Thomas, Sommer 2013

♥ **Susanne:** Das erste Mal traf ich Frank-Thomas in Kapstadt. Im Februar 2008. Ich nahm dort an einer einmonatigen Weiterbildung zum Thema „Abenteuer Team" teil. Schon länger spürte ich, dass ich in meinem Leben etwas verändern wollte, eine neue Perspektive brauchte, vor allem im privaten Bereich. Ich war Mitte 30, geschieden und Single und ich wollte ein Baby. Ich hatte schon immer gerne an Seminaren teilgenommen, liebte es, mich weiterzubilden und zu lernen. Ich hatte keine Ahnung, was mich in Kapstadt erwartete, aber ich war sehr neugierig. Diese Art von Seminar war anders, tiefgründiger, intensiver und ehrlicher als alle anderen, an denen ich jemals zuvor teilgenommen hatte. Und die Teilnehmer waren besondere Menschen. Wer für einen ganzen Monat nach Kapstadt zu einem Seminar geht, muss besonders neugierig sein, hatte ich mir im Vorfeld überlegt. Die Teilnehmer waren Männer und Frauen zwischen Anfang 30 und Ende 50 aus ganz unterschiedlichen Berufen und Ländern. Ich hatte mir vor allem vorgenommen, in diesen 30 Tagen einen neuen Mann zu finden. Nichts anderes im Leben war mir so wichtig, als endlich wieder einen Partner zu haben, mit dem es passt. Ich ertappte mich sogar bei dem verrückten Gedanken, dass ich gleich in Südafrika bleiben und auswandern würde, falls mir dort endlich der Richtige über den Weg liefe. In Deutschland gab es irgendwie nicht den Passenden für mich. Mit Frank-Thomas, der einer der männlichen Teilnehmer war (das hatte ich im Vorfeld schon herausgefunden), mailte ich vor dem Abflug, weil unsere Flieger fast zur gleichen Zeit in Kapstadt ankommen sollten und wir uns am Flughafen dann ein Taxi zur Unterkunft teilen wollten. Ich war froh, schließlich war ich noch nie in Kapstadt gewesen, kannte mich nicht aus und wusste nicht, ob es sicher war, alleine als Frau mit dem Taxi zu fahren. Wir verabredeten uns am Ausgang des Flughafens.

Frank-Thomas schickte mir folgende Eigenbeschreibung:
1,85 Meter groß, Glatze und Hut.
Ich schrieb ihm über mich:
1,62 Meter klein, dunkelblond, mittelkurze Haare, mit einer grünen Windjacke.

Als mein Flieger schließlich landete, ich südafrikanischen Boden unter meinen Füßen spürte und die fremd riechende Luft einatmete, war ich neugierig und aufgeregt. Die grüne Jacke zog ich sofort aus, weil es so warm war. Es dauerte ewig, bis ich mein Gepäck bekam und durch die Zollformalitäten und Menschenmassen zum Ausgang fand. Doch dort war niemand mit Glatze und Hut, kein Frank-Thomas weit und breit. Ich wartete eine ganze Zeit, entdeckte ihn aber nicht. Auf die Idee, ihn anzurufen, kam ich leider erst ziemlich spät, weil ich die ganze Zeit sicher war, er würde jeden Moment auftauchen. Es gab nur einen Ausgang. Als ich mein Handy anschaltete und ihn endlich anrief, saß er bereits im Taxi. Wir stellten fest, dass wir an verschiedenen Terminals angekommen waren. Es gab ein nationales und ein internationales Terminal, ich war in Johannesburg umgestiegen, er direkt aus Frankfurt am Main gekommen. Jetzt musste ich also doch alleine fahren! Ich war sauer. Die Taxifahrt vom Flughafen war teuer und zu allem Überfluss fuhr der Taxifahrer mich auch nicht ganz bis zum Zielort, sondern ich musste auf halbem Weg noch in ein anderes Taxi umsteigen. Na, das fing ja alles gut an …

★ **Frank-Thomas:** Ja, so war das, wir haben uns am Flughafen verpasst. Susanne war nicht da und sie hatte ihr Handy ausgeschaltet. Da bin ich halt irgendwann losgefahren. Ich habe mir gedacht, sie wird schon klarkommen. Sie hätte mich wahrscheinlich sowieso nicht gefunden, weil ich meinen Hut im Flugzeug liegen gelassen hatte ...

♥ **Susanne:** Ich traf Frank-Thomas dann zum ersten Mal in dem Ferienhaus, das zehn von den 13 Teilnehmern gebucht hatten. Die Männer wohnten in einem kleinen Einliegerapartment, die Frauen im großen Haus. Meine Laune besserte sich schnell, als ich den Ort sah, an dem ich die nächsten vier Wochen verbringen würde. Ein gemütliches Haus mit wunderschönem Garten, Pool und Meerblick. Fantastisch!

Frank-Thomas unterzog ich, genau wie die anderen Männer, erst einmal meinem üblichen „Könnte-das-der-Mann-meiner-Träume-sein-Check", bei dem er sofort durchfiel. Nicht mein Typ!

Er hatte damals leichtes Übergewicht, wirkte ein wenig verschlossen, redete nicht viel und wenn, dann mit Brandenburger Dialekt. Nein, der konnte auf keinen Fall mein Partner werden. Abgehakt. Ich wollte definitiv keinen Ossi. Aber Frank-Thomas war sehr nett, höflich und zuvorkommend, auf jeden Fall jemand, in dessen Nähe ich mich wohlfühlte und der ein netter Kumpel werden könnte.

Am zweiten Abend war Stromausfall in ganz Kapstadt. Frank-Thomas und ich nutzten die Gelegenheit, um die Sterne über dem stockdunklen Garten unseres Domizils anzuschauen. Wir lagen die halbe Nacht auf der Wiese und sprachen über alles Mögliche. Er erzählte von seinen Reisen und wie er einmal in Australien mitten im Outback auf einem Campingplatz mit einem Bier in der Hand im Whirlpool gelegen und den Vollmond angesehen hatte. Ich erzählte davon, dass ich mich früher sehr für Astronomie interessiert und regelmäßig im Garten meiner Eltern den Himmel mit meinem Teleskop betrachtet hatte. Wir waren beide neugierig, was uns wohl in diesem Monat erwarten würde. Auch wenn Frank-Thomas wenig sprach – das, was er sagte, hatte Hand und Fuß. Und er hatte schon viele Abenteuer erlebt, war mit dem Motorrad fast in der ganzen Welt unterwegs gewesen.

Während wir uns unterhielten, gingen mir die ganze Zeit folgende Gedanken durch den Kopf:
Wer wird jetzt mein neuer Mann? Dieser hier kann es ja schließlich nicht sein, was soll ich denn bitte mit einem Motorradfahrer? Auch die anderen männlichen Teilnehmer fallen nicht in mein Beuteschema. Wird das hier also wohl doch nichts? Na ja, vielleicht lerne ich ja noch jemanden außerhalb des Trainings kennen, das kann ja auch noch passieren.

Ungefähr in der Mitte des Monats ging die gesamte Seminargruppe für zwei Tage auf Safari. Wir übernachteten in Lodges, die auf dem Dach eine breite Aussichtsplattform für Beobachtungen in der Dämmerung boten. Frank-Thomas hatte eine verrückte Idee: Wir wär's, da oben zu schlafen? Da ich bis zu diesem Zeitpunkt noch nie im Freien übernachtet hatte, (nein, wirklich nicht!), er hingegen schon in fast allen Teilen der Welt, beschlossen wir, diese Gelegenheit zu nutzen, und verfrachteten Matratzen und Decken zusammen mit zwei Flaschen Prosecco und drei Tüten Chips auf das Dach der Lodge. Ich war einerseits fasziniert von der Idee, unter freiem Himmel zu schlafen, wollte gleichzeitig aber auf keinen Fall Frank-Thomas zu nahe kommen. Die Verbindung zu ihm war mittlerweile zwar enger und vertrauter geworden, aber definitiv und ausschließlich platonisch. Also fragte ich in unsere Runde, wer von den anderen denn noch Lust hätte, mit uns auf dem Dach zu übernachten. Eine neugierige Anstandsdame war schnell gefunden, und so teilten wir uns diese wunderbare, sternenklare und von den Geräuschen der Savanne – und Frank-Thomas' Schnarchen – durchtränkte Nacht im Freien zu dritt.

Okay, das ist noch ein Grund für mich, warum er nicht passt, dachte ich damals: Er schnarcht. Ich brauche nachts meine Ruhe. Schnarchen geht gar nicht!

Im Verlauf jenes Monats gab es noch einige weitere gemeinsame Momente zwischen Frank-Thomas und mir. Einmal waren wir mit der ganzen Gruppe zusammen tanzen, und ich hatte an diesem Abend fast das Gefühl, er würde mit mir flirten. Wir tanzten zusammen, und ich stellte fest, dass er das ziemlich gut konnte. Trotzdem sprang der Funke nicht über. Ich war nicht in ihn verliebt, und er machte auch keine ernsthaften Eroberungsversuche, also ging ich davon aus, dass er nicht an mir interessiert war.

★ *Frank-Thomas:* Ich fand Susanne damals zwar nett, aber als Partnerin konnte ich sie mir nicht vorstellen. Am Anfang hatte ich das auch gar nicht auf dem Schirm. Ich wollte erst einmal die Leute kennenlernen, Kapstadt erkunden, mich ins Seminar einfinden.
Das erste Mal, dass ich überhaupt kurz den Gedanken hatte, dass Susanne eventuell doch eine Partnerin für mich sein könnte, war ungefähr in der Monatsmitte. Wir spielten im Seminar ein Kommunikationsspiel, und sie war die Einzige, der das mit mir glückte. Mit allen anderen klappte es nicht. Nur mit Susanne.
Es gab noch eine andere Situation: In unserer Gruppe hatte sich ein Paar gebildet, und ich hatte in einer Nacht kein Zimmer, weil die beiden Turteltauben unser Männerapartment besetzten.

In dieser Nacht schlief ich bei Susanne. Als ich neben ihr im Bett lag, dachte ich schon kurz darüber nach, ob da was gehen könnte.

Aber Susanne hat mich die ganze Nacht nur immer wieder angeschubst, weil ich zu laut geschnarcht habe.

Da habe ich nur gedacht: Das geht gar nicht! Darauf habe ich ja gar keine Lust, dauernd geweckt zu werden.
Ach ja, und dann gab es noch diese Nacht auf dem Dach, als wir auf Safari waren. Das war die dritte Situation. Da hatte ich schon auch wieder gedacht, dass vielleicht etwas gehen könnte. Aber Gabi wollte ja unbedingt mit …

♥ *Susanne:* Das mit Gabi hatte ich ja damals extra eingefädelt …

★ *Frank-Thomas:* Was? Das wusste ich gar nicht!!! Und ich schleppe extra die Matratzen da hoch … Na ja, es hat auf jeden Fall viel Spaß gemacht, auf dem Dach zu übernachten. Und an dem einen Abend in der Disco mit Susanne zu tanzen, das war auch klasse. Das konnte sie gut, und sie hat sich richtig gut angefühlt. Ich weiß gar nicht mehr, ob wir damals in Kapstadt auch geknutscht haben. Da wird meine Erinnerung offensichtlich von den blauen Flecken überlagert, die ich mir zugezogen hatte, weil ich nachts geschnarcht hatte …
Gegen Ende des Seminars ging es dann noch einmal um ganz konkrete eigene Projekte. Sonja, die Trainerin, schlug mir unter anderem vor, gemeinsam mit Susanne Coaching-Abende für Singles in Düsseldorf zu organisieren, denn während des Monats hatte sich gezeigt, dass Susanne und ich ein gutes Team waren. Und Sonja hat damals schon gesehen, dass wir auch ein gutes Paar sein könnten.

Das wäre ein tolles Projekt gewesen, um uns näher kennenzulernen. Nur habe ich das damals überhaupt nicht so gesehen!

Ich hatte keine Ahnung, wie das gehen sollte und was wir da überhaupt anbieten sollten. Ich hatte mir zwar sogar schon einmal einen Namen für eine Motorradfahrer-Single-Börse überlegt, aber Abende für Singles? Und Susanne biss bei der Idee auch nicht wirklich an. Es sollte dann noch fast sechs Jahre dauern, bis wir tatsächlich zusammen einen solchen Abend organisierten. Manchmal brauchen Dinge ihre Zeit.

Am vorletzten Tag in Kapstadt sind Susanne und ich dann noch zusammen Hubschrauber geflogen – über den Tafelberg. Das war richtig cool! Gut verstanden haben wir uns, das war keine Frage. Ich hatte trotz allem keine Vorstellung davon, dass das mit Susanne jemals eine Beziehung werden könnte. Sie entsprach nicht meinem Beuteschema, meine Frau sollte eher dunkelhaarig und größer und auf jeden Fall irgendwie anders sein.

Susanne und ich waren Freunde, mehr nicht. Obwohl einige Leute um uns herum glaubten, dass wir ein tolles Paar abgeben würden …

Erst kürzlich haben wir dieses Foto von der Safari wiederentdeckt, auf dem wir beide bis zu den Ohren strahlen. Na ja, eigentlich sehen wir auf allen Fotos von damals sehr harmonisch zusammen aus! Im Nachhinein finde ich es auch interessant, dass ich auf jedem Foto meinen Arm um Susannes Schultern gelegt habe … Das ist mir damals überhaupt nicht aufgefallen. Nein, eine Beziehung mit Susanne war für mich damals gar kein Thema.

♥ *Susanne:* Ich konnte das damals auch so gar nicht sehen, dass aus uns eines Tages ein Paar werden könnte. Ich habe gedacht, okay, er ist ganz nett, aber als Partner kommt er für mich nicht infrage. Es hat mich einfach nichts an ihm an- oder zu ihm hingezogen. Aussehen, Stimme, Geruch – das spielt ja alles eine Rolle, wenn es darum geht, ob man jemanden attraktiv findet. Das ist natürlich unglaublich subjektiv. Aber es ist keinesfalls egal. Ich hatte bestimmte Vorstellungen im Kopf, was mir gefällt und mich anmacht. Umgekehrt hatte ich auch nicht den Eindruck, als würde Frank-Thomas sich für mich interessieren. Es muss ja wenigstens einer von zweien Interesse am anderen haben, sonst macht das ja keinen Sinn. So dachte ich damals, das weiß ich noch. Kurze Zeit nach Kapstadt hatte ich dann in Deutschland wieder einen neuen Freund. Einen Münchner, der hochdeutsch sprach. Einen, über den eigentlich alle meine Bekannten sagten, er würde gar nicht zu mir passen. Aber ich war total in ihn verliebt.

KAPITEL 3

SUSANNE, DIE EWIG SUCHENDE

„Für Susanne ist Beziehung wie Business. Sie will gerne alles bestimmen." Frank-Thomas, Juni 2011

♥ **Susanne:** „Willst Du mit mir gehen?" Solche Zettel schoben wir uns unter der Schulbank zu, als ich noch Teenager war. Auf diese Frage konnte ich „Ja" oder „Nein" ankreuzen. Zuerst spielerisch, und irgendwann wurde es ernst. Zum ersten Mal verliebt war ich mit 15, der Typ war sieben Jahre älter, und ich lernte ihn auf einer Star-Wars-Convention kennen, die ich damals mit großer Begeisterung besuchte. Er war der Leiter der Star-Wars-Fangruppe und galt als Frauenverführer. Er war das erste männliche Wesen, das ernsthaft meine Neugier weckte. Eigentlich hatte ich damals noch gar kein Interesse an Jungs, ich sammelte Star-Wars-Fanartikel und sah nachts mit meinem Teleskop die Sterne an. Bis er mir dann den Kopf verdrehte und etwas in mir auslöste, das man mit ein wenig Fantasie schon als Zwangsneurose bezeichnen könnte. Die Gedanken an ihn breiteten sich in meinen Gehirnzellen aus wie ein Virus, und schon nach kurzer Zeit versammelten sie sich auch in meinem Bauch und erzeugten dort ein Kribbeln und Rumoren, das ich so noch nie erlebt hatte. Ich musste ständig an ihn denken, hörte Kuschelrock-Kassetten, tagträumte stundenlang Szenen mit uns beiden, malte in meinem Kopf Bilder von ihm und war überzeugt davon, dass nie wieder ein anderer Mann Ähnliches in mir hervorrufen könnte. Ich wollte den Rest meines Lebens mit ihm verbringen, und jede Sekunde ohne ihn war unerträglich. Ich war verknallt. Er brachte mich dazu, Dinge zu tun, die ich im Normalzustand nicht getan hätte – im Positiven wie im Negativen.

+Positiv: Ich backte Herzchen-Plätzchen mit knallrotem Zuckerguss (es war kurz vor Weihnachten), schrieb Diddl-Postkarten und hörte klassische Musik. Und ich wurde sehr kreativ, was unsere Treffen anging. Er wohnte 150 Kilometer weit weg, und mein Vater hatte tatsächlich Befürchtungen, sich als Kuppler strafbar zu machen, wenn er einen 22-Jährigen im Zimmer seiner minderjährigen Tochter nächtigen ließ. Also übernachteten wir abwechselnd bei seinen und meinen Freunden und fanden immer wieder Anlässe, bei denen wir uns „zufällig" über den Weg laufen konnten, zum Beispiel im Bochumer Planetarium.

-Negativ: Ich verzichtete ihm zuliebe auf den ersten Radioauftritt meines Lebens. Das war der Hammer, wenn ich jetzt darüber nachdenke. Die Aufzeichnung sollte an einem Tag stattfinden, den er unbedingt mit mir verbringen wollte. Als ob es keine anderen Tage gegeben hätte! Ich habe sofort klein beigegeben. Das ist etwas, das ich in meinem Leben auch bei vielen anderen Frauen beobachten konnte:

Frauen verzichten ihrem Mann zuliebe oft auf Dinge, die sie eigentlich wollen, sind im Nachhinein deswegen todunglücklich und nehmen es ihm heimlich für den Rest des Lebens übel.

Bei mir war es noch schlimmer: An dem Tag, an dem die Radiosendung ohne mich live übertragen wurde, verließ er mich aus heiterem Himmel. Ich glaubte, sterben zu müssen. Und das auch noch einen Tag vor Silvester! Ich war völlig verloren, wusste nicht mehr, was ich sagen, tun oder denken sollte. Dieser Schmerz hielt mich noch Monate danach gefangen, und ich litt fürchterlich. Drogenentzug. Diese erste kurze, aber sehr heftige Begegnung hat mein Bild von Männern und Beziehungen extrem geprägt, und ich war mir sicher: Das, was ich mit ihm erlebt hatte, dieses Gefühl, das er in diesen zweieinhalb Monaten in mir entfacht hatte, das war Liebe. Ich habe es immer wieder gesucht. Und auch immer wieder gefunden. Bei Männern, die diesem ersten in irgendeiner Weise ähnlich waren.

Der Wunsch, nein, die Sucht danach, verliebt zu sein, war für einige Jahre mein treuester Begleiter.

In der Schule konnte ich monatelang einem bestimmten Jungen hinterherlaufen und ihn in jeder Pause beobachten, jede nur mögliche Gelegenheit suchend, ihm scheinbar zufällig über den Weg zu laufen. Sein zunächst freundliches, später genervtes und dann amüsiertes „Hallo" war für mich das Highlight des Tages. Wenn es Schulferien gab, war ich zu Tode betrübt. Meine Freundin Elke fragte mich immer wieder kopfschüttelnd, was ich denn bloß von dem Kerl wollte? Tja, was wollte ich eigentlich? Meine Sucht befriedigen? Ich hätte es damals nicht so benennen können, mein Gedanke war einfach: „Ich will einen Freund haben, und dieser hier ist perfekt dafür geeignet." Warum nur sah er das nicht auch so? Das konnte doch nicht so schwer sein, verflixt!

Vielleicht waren das bei mir damals nur die üblichen, typischen Schwärmereien Jugendlicher? Ich wusste nicht, ob das bei anderen auch so ausartete wie bei mir und was man dagegen tun konnte. Eigentlich war das Ganze nämlich unglaublich sinnlos.

Niemand konnte mir sagen, wie das mit den Beziehungen wirklich funktionierte. Abgesehen von so „tollen" Tipps wie: „Wenn Du nicht mehr nach ihm suchst, wird der Richtige schon auftauchen."

Oder: „Als Frau musst Du Dich zurückhalten, der Mann muss den ersten Schritt machen." Ich vermute, dass viele Menschen sich so komplett hilflos fühlen, wenn sie Phasen der Verliebtheit und des anschließenden Herzschmerzes durchmachen. Was mit etwas Abstand betrachtet allerdings interessant ist: Verliebtsein hatte für mich nur wenig mit dem realen anderen Menschen zu tun, sondern viel mehr mit dem Bild, das ich von ihm hatte. Meine Gefühle fanden ja ausschließlich in meinem eigenen Kopf beziehungsweise Bauch statt. Jenseits des anderen. Wie gesagt, mir war es tatsächlich egal, wer mein neuer Freund sein würde, Hauptsache, er konnte bei mir das selbe Verliebtheitsgefühl erzeugen wie der Allererste damals. Es gab umgekehrt auch Männer, die sich für mich interessierten, mir Liebesbriefe schrieben oder Blumen schickten, aber wenn sie nicht dieses Gefühl bei mir auslösten, gab ich ihnen keine Chance. Ich war oft verliebt, ohne dass das Objekt meiner Begierde überhaupt davon wusste. Das ist das, was ich mit Sucht meine. Eine Art Zwangshandlung. Oder besser: Zwangsdenken. Ein ähnlicher Mechanismus wie bei den Menschen, die sich dauernd die Hände waschen oder ihre Wohnung putzen müssen, die nicht anders können.

Das hat übrigens mittlerweile die Wissenschaft bestätigt: Verliebtsein ist chemisch gesehen ein Zwang, und Zwänge werden ausgelöst durch ein Ungleichgewicht bestimmter Hormone im Gehirn. Vor allem durch Serotoninmangel, oft auch durch Dopaminüberschuss.

Das kann man bei verliebten Personen tatsächlich messen! Ich hatte als Schülerin einige weitere kurze „Beziehungen", die alle damit endeten, dass die Männer nach etwa zweieinhalb Monaten von einem Tag auf den anderen Schluss machten. Ich gelangte damals zu der Überzeugung, dass es die Männer sind, die Beziehungen beginnen und beenden. Ich hatte wirklich noch keine Ahnung.

Heute bin ich mir ziemlich sicher, dass das wahrscheinlich damit zu tun hatte, dass ich gar nicht wirklich mit dem anderen Menschen verbunden, sondern mit mir selbst beschäftigt war. Das merkt das Gegenüber natürlich und hat früher oder später keine Lust mehr darauf, gar nicht wirklich gesehen zu werden! Der Unterschied ist mir klar geworden, als ich mit Anfang 20 während des Studiums einen Mann kennenlernte, in den ich zunächst nicht so extrem verliebt war, mit dem ich aber von Anfang an verbunden war. Mit ihm war es nämlich einfach anders, nicht so aufregend, entspannter und über die Paarbeziehung hinaus auch freundschaftlich. Bei ihm konnte ich so sein, wie ich wirklich war. Verliebt war ich in diesen Mann später auch, doch es war kein Zwang und keine Sucht, sondern eine reale Verbindung. Wir waren über lange Zeit sehr glücklich miteinander, und nach acht Jahren heiratete ich ihn. Ich hatte keinen Zweifel daran, dass ich jetzt endlich den richtigen Mann gefunden hatte. Ich war mir sicher, diese Verliebtheitssucht endlich hinter mir gelassen zu haben. Und ich glaubte, dass es bis zum Ende meines Lebens so weitergehen würde. Da war ich Ende 20. Ein paar Jahre nach der Hochzeit geriet diese Beziehung aufgrund verschiedener Umstände in eine Krise und wir entwickelten uns, wie man so schön sagt, auseinander. Mein Mann hatte eine Zeit lang eine Affäre, was mir interessanterweise gar nicht so viel ausmachte, da ich weiterhin mit ihm verbunden war. Mit dieser anderen Frau litt ER unter Verliebtheitssucht. Wir gingen beide offen damit um, ich war nach wie vor die „Hauptfrau". Das war nicht der Grund für unsere spätere Trennung. Unsere Verbindung war stark.

Was sich allerdings in unsere Beziehung eingeschlichen hatte, viel subtiler als diese andere Frau, war ein unbestimmtes Gefühl in mir selbst, dass dieser Mann und diese Beziehung mir irgendwie nicht mehr ausreichten.

Ich hatte mich nach unserer Hochzeit und unserem Umzug nach München selbstständig gemacht, lernte neue Menschen kennen und beschäftigte mich mit neuen Themen. Erfolg, Kommunikation, Psychologie. Ich veränderte mich, fing an, anders zu denken und Dinge infrage zu stellen, die vorher selbstverständlich gewesen waren. Ich war unglaublich neugierig darauf, mehr über Unternehmertum zu lernen, und begann, verschiedene Weiterbildungen zu besuchen. Ich startete eine Ausbildung in Neurolinguistischem Programmieren (NLP), was mich extrem begeisterte, und entwickelte neue Perspektiven für mein Leben, beruflich und privat. Ich wollte Unternehmerin werden und gleichzeitig mehr als einfach nur ein Teil eines Paares sein, das zusammen wohnt und schläft, während ansonsten jeder für sich sein Ding macht.

Ich wollte gemeinsame Projekte, Weiterbildungen, am liebsten sogar ein eigenes Unternehmen zusammen.
Und ich wollte eine Familie gründen. Ich hatte aber keine Ahnung, wie das alles realisiert werden könnte.

Mein erster Mann verlor damals aufgrund von Umstrukturierungen innerhalb kurzer Zeit zweimal seinen Job und wurde arbeitslos, ein Kind kam deshalb für ihn nicht infrage. Auf meine verrückten Wünsche und Ideen war er nicht wirklich neugierig, er konnte damit nichts anfangen. Er machte sich zwar später auch selbstständig, aber mit etwas ganz anderem als ich, und das führte schließlich dazu, dass es kaum noch Gemeinsamkeiten zwischen uns gab.

In dieser Situation brauchte es bei mir nur einen einzigen Abend mit einem gut aussehenden, charmanten und etwas betrunkenen Unternehmensberater, der gut tanzen und flirten konnte, um nach über zwölf entspannten Jahren meine Verliebtheitssucht wieder zu aktivieren und mich in einen neuen Lebensabschnitt zu katapultieren.

Ich verliebte mich unsterblich in diesen anderen Kerl, und obwohl daraus gar nichts Ernsteres wurde, war das der finale Auslöser für die Trennung zwischen meinem ersten Mann und mir. Die nächsten sechseinhalb Jahre sollte ich damit verbringen, mich wieder in Männer zu verlieben, die mich nicht wollten, mich von einem Tag auf den anderen verließen oder die gar nichts von mir wussten.

Ich war auf der Suche nach einem Mann, der ein Leben mit mir teilen wollte, für das es keine Vorbilder gab.

Der Unterschied zur Zeit vor meiner ersten Ehe war allerdings: Ich hatte Sex. Sogar richtig viel Sex. Und das war für mich das Wichtigste, was ich je in meinem Leben tun konnte: Mich im Bereich Sex auszuprobieren! Denn vieles, wovon ich träumte, hatte ich in meiner Ehe damals nicht ausleben können. Ich wusste, JETZT ist die Gelegenheit. In diesen sechseinhalb Jahren habe ich etliches erlebt und ausprobiert, meine Neugier und mein Nachholbedarf waren groß. Über diese Phase und Erlebnisse habe ich später sogar ein Buch geschrieben, das ein großer Erfolg geworden ist.

Ich habe festgestellt: Beim Sex mag ich definitiv die ausgefallenen Sachen. Dreier, Vierer, Bondage, Fetischkleidung, Clubs … In jener Zeit erkannte ich: Ich brauche einen Mann, der das alles mitmacht! Darauf würde ich nicht mehr verzichten wollen! Gleichzeitig wünschte ich mir nach wie vor eine Familie und ein Kind, und ich wollte Unternehmerin sein, am liebsten mit meinem Partner zusammen. Gar nicht so einfach, diese „extremen" Wünsche zu kombinieren.

Ende 2005 machte ich mir einmal eine Liste mit 20 Punkten, wie mein perfekter Mann sein sollte.

Mein Traummann ...

- ist für mich mit allen Sinnen attraktiv (er sieht gut aus, hat eine angenehme Stimme, fühlt sich gut an, riecht gut)
- passt subjektiv UND objektiv
- findet mich attraktiv
- gibt mir viel und fordert auch
- liebt mich genau so, wie ich bin, und ist derjenige, den ich liebe
- ist unter 40
- verdient genug Geld, sodass wir beide eine Familie haben können
- ist Nichtraucher
- schläft ruhig (= ohne Schnarchen)
- lebt in München oder ist bereit, hier zu leben
- liebt die Natur und ist gerne mit mir dort
- möchte Kinder mit mir haben und mich unterstützen
- ist ungebunden und frei von „Altlasten" (= nervige Exfrau und Kinder)
- nimmt unsere Beziehung wichtig
- schwingt energiemäßig und spirituell auf einer ähnlichen Ebene wie ich und ist positiv (Ja, das habe ich damals wirklich so geschrieben. Hilfe!)
- ist selbstständig oder hat Lust, Unternehmer zu sein
- hat eine ähnliche Weltanschauung wie ich
- mit ihm habe ich den besten Sex meines Lebens
- findet mich innerhalb eines Jahres (Ja, ich wollte gefunden werden!)
- ich weiß, dass er es ist, wenn ich ihn treffe. Er löst bei mir Verliebtheit aus und die Gewissheit, dass er es ist

Dieser letzte Punkt wurde mir immer wieder zum Verhängnis: Damit meinte ich tatsächlich so etwas wie Liebe auf den ersten Blick.

Nach dem Motto: Der allererste Eindruck entscheidet, und ich werde es sofort wissen. Für mich war bei meiner Partnersuche klar:

Wenn nicht sofort Attraktion da ist, kann man sich alles andere gleich sparen!

Nur: Die Männer, bei denen dann sofort Attraktion da war, sind nie meine Partner geworden, weil bei DENEN keine Attraktion da war. Wenn mich damals jemand gefragt hat, was ich von einem Mann erwarte, habe ich immer nur gesagt, dass ich gar nicht wählerisch bin. Ich hätte nie zugegeben, dass ich ziemlich viel wollte. Diese Liste hat bis jetzt keiner je gesehen …

★ *Frank-Thomas:* So eine Wunschliste habe ich mir auch einmal gemacht, und zwar Anfang 2006, zusammen mit meinem Ausbilder für Körpertherapie. Der hat mir irgendwann empfohlen, einfach alles aufzuschreiben, was ich mir bei meiner Traumfrau wünsche. Ich kam sogar auf 25 Punkte.

Meine Traumfrau …

- Alter: 30 – 40 Jahre
- zuverlässig, ehrlich
- zwischen 1,60 und 1,75 Meter groß (zuerst stand da: zwischen 1,70 und 1,75 Meter, aber mein Ausbilder meinte, das würde die Auswahl zu sehr einschränken. Recht hat er gehabt …)
- lebhaft
- spontan
- optimistisch, positiv
- fröhlich und lustig
- ehrgeizig
- entscheidungsfreudig

- tierlieb
- naturverbunden
- kinderlieb (= eigene Kinder mit mir)
- reiselustig/abenteuerlustig
- Nichtraucherin
- gesprächig
- mag gutes Essen und gute Getränke
- gesellig
- antreibend
- liebevoll und zärtlich
- hat Spaß am Sex mit mir
- vom Herzen frei und will eine feste Beziehung mit mir
- Europäerin oder Südamerikanerin, Australierin oder Kanadierin
- gütig und warmherzig
- gesund
- anerkennend

Also, wenn man die beiden Listen heute miteinander vergleicht, dann hatten Susanne und ich ja ganz ähnliche Wünsche. Die meisten trafen sogar auf uns gegenseitig zu! Ich habe diese Liste damals irgendwo abgeheftet und mit den Jahren vergessen.

♥ *Susanne:* Ich habe meine Männerwunschliste auch irgendwo verlegt und später gar nicht mehr daran gedacht. Ich habe jetzt echt lange danach suchen müssen ...
Das mit dem Verlieben ging nach meiner Rückkehr aus Kapstadt, wo ich Frank-Thomas zum ersten Mal traf, bei mir unerwartet schnell. Ich war noch nicht lange wieder in Deutschland, da hatte ich schon einen neuen Freund. Einen Musiker, der beruflich als Controller in einem großen Konzern tätig war. Ich war sehr verliebt in ihn, wir sahen uns häufig, hatten tollen Sex und sehr innige Gefühle füreinander. Ich glaube, wir

waren beide sehr verliebt. Nach so langer Zeit war er der Erste, der meine Gefühle erwiderte. Wir hatten eine heftige On-Off-Beziehung, etwa alle 14 Tage gab es riesigen Stress, dazwischen fühlten wir uns sehr verbunden und es lief gut. Er war ein ganzes Stück älter als ich und wollte keine Kinder, sondern ein ruhiges und eher zurückgezogenes Leben, Menschen konnten ihn schnell stressen. Er war sehr sensibel, ein Künstler eben, mit sehr feinen Antennen für alles. Und dann ich, mit meiner lauten, direkten und provokanten Art! Eigentlich war klar, dass das überhaupt nicht passte mit ihm und mir. Doch ich war so hungrig nach einer Beziehung, dem Verliebtheitsgefühl, und irgendwie auch so fasziniert von diesem Menschen, dass ich alles in Kauf nahm und ein ganzes Jahr mit ihm durchhielt.

Zwischendurch kreuzte immer wieder Frank-Thomas meinen Weg. Wir begegneten uns auf Geburtstagspartys, wurden einmal beide für ein verlängertes Wochenende von einer gemeinsamen Freundin in die Schweiz eingeladen und telefonierten sogar ab und zu. Ich wusste, dass Frank-Thomas sich auch Kinder wünschte, aber wir kamen über eine reine Freundschaft nicht hinweg. Verliebt war ich in den Musiker, auch wenn mir klar war, dass diese Beziehung keine Zukunft hatte und wir sie in unser beider Interesse bald beenden würden. Frank-Thomas würde ja eigentlich passen, dachte ich mir, aber ich konnte mir beim besten Willen keine Beziehung mit ihm vorstellen. Um ehrlich zu sein, spürte ich sogar richtige körperliche Widerstände, wenn ich ihn traf. Irgendwie waren für mich Sex und Nähe mit ihm nicht denkbar. Es fehlte einfach die Attraktion. Bis mir dann irgendwann eine ziemlich verrückte Idee kam …

★ *Frank-Thomas:* Dass Susanne eine verrückte Nudel ist, wusste ich seit Kapstadt. Auch dass sie im Bereich Sexualität schon vieles ausprobiert hatte, war mir nicht neu. Doch mit diesem Anruf von ihr Anfang März

KAPITEL 3

2009 hätte ich nie gerechnet. Es fing ganz harmlos an. Sie war gerade aus Südamerika zurückgekommen, wo sie mit ihrem Musiker gewesen war. Sie erzählte mir von der Reise, von der Beziehung, die wahrscheinlich bald zu Ende sein würde, und von dem Vortrag, den sie gerade noch in der Schweiz gehalten hatte. Dann irgendwann fragte sie mich, ob ich nicht Lust hätte, am nächsten Wochenende mit ihr in den Kitty Cat Club in München zu gehen. „Da gibt es eine coole Party!" Ich hatte keine Ahnung, was der Kitty Cat Club war, wunderte mich nur etwas, als Susanne fragte, ob ich vom Motorradfahren von früher noch eine schwarze Lederhose hätte und die mitbringen könnte.
„Ein passendes Oberteil kaufen wir Dir dann noch vorher."
Ich dachte zunächst einmal, okay, warum nicht, dann komme ich nach München. Bevor wir auflegten, bat ich Susanne noch, mir einen Link von diesem Club zu schicken, ich wollte mir das vorher einmal näher anschauen. Wie gesagt, ich hatte echt keine Ahnung.

Als ich dann die Website von diesem Kitty Cat Club ansah, dachte ich nur: „Ach du Sch ...!" Die Fotos jagten mir wirklich Angst ein. Das war ein Sadomaso-Fetisch-Club! Auf den Fotos im Internet waren lauter Typen in Lack- und Leder-Outfits, mit Piercings und Tattoos abgebildet, und ich dachte nur: „Was soll ICH in so einem Laden?" Schon ging das Kopfkino los. Ich schaute diese Bilder an, diese Leute in Lackmänteln und mit Lederkapuzen, Gasmasken, Peitschen und Halsbändern. Was um Himmels willen hätte ich da zu suchen? Ich war sehr nah dran, wieder abzusagen. Ich hatte keinen blassen Schimmer, was auf solchen Partys passiert, wie die Leute so drauf waren, was man da machen musste oder ob man auch Nein sagen konnte. Ich hatte überhaupt keine Ambitionen für solche ausgefallenen Sachen, wusste nichts darüber. Und Susanne war da so locker und easy, als würden wir zu einer Grillparty gehen. Also, diese Aktion bereitete mir echt einige schlaflose Nächte. Und je näher das Wochenende rückte, desto größer wurde meine Panik. Ich hatte ein paar Tage Zeit und zerbrach mir den Kopf und fragte mich, ob ich das durchziehen oder lieber absagen sollte.

Kurz vor dem avisierten Termin erinnerte ich mich an eine andere Situation, in der ich mit meinen Ängsten konfrontiert gewesen war. Damals hatte ich mich gefragt: Was kann im schlimmsten Fall passieren?

Und das tat ich jetzt auch wieder.

Ich fragte mich: Was kann im schlimmsten Fall passieren, wenn ich auf diese Sexparty gehe?

Ich kam zu dem Ergebnis, dass es nur drei Möglichkeiten gab:
1. Es würde mich entweder anturnen, oder
2. es würde mich abturnen, oder
3. es würde gar nichts passieren.

Auf jeden Fall würde ich es überleben. In diesem Moment entschied ich mich, es durchzuziehen. Ich bin also freitags nach München gefahren, habe vier Leute von der Mitfahrgelegenheit mitgenommen, bei Susanne im Wohnzimmer auf der Couch übernachtet und bin samstags mit flauem Gefühl im Magen mit ihr shoppen gegangen. In diesem Club herrscht nämlich eine strenge Kleiderordnung, mit Jeans kommt man da nicht rein. Das Shoppen war überraschend easy. Ich trug meine schwarze Motorrad-Lederhose und fand ziemlich flott ein passendes Oberteil: ein schwarzes Netzhemd mit Lederriemen und Nieten. Das sah gut an mir aus, muss ich sagen. Allerdings, was da in dem Laden sonst noch alles herumhing und in den Regalen lag, fand ich teilweise schon sehr abgefahren. Bei vielen Dingen hatte ich echt keine Ahnung, wie man sie benutzen sollte, geschweige denn, wofür sie eigentlich gut waren.

Der Abend selbst lief wesentlich besser als gedacht. Ich betrat den Club neugierig und unvoreingenommen, sah mir alles an – und versuchte, nicht gleich alles zu bewerten oder eine feste Meinung darüber zu haben. Die Szenerie in dem Club war tatsächlich so, wie auf den Fotos im Internet abgebildet. Und ja, ich war am Anfang ziemlich aufgeregt. Doch ich konnte schnell lockerlassen. Susanne war hier zu Hause, begrüßte einige Leute, die ganz in Ordnung waren, und ich habe mir gedacht, wahrscheinlich ist das so, als ob mich eine andere Frau in ihren Tennisclub mitgenommen hätte. Wir haben uns gut unterhalten, den anderen zugeschaut, getanzt. Susanne mag einfach die Atmosphäre dort, und die ist zugegebenermaßen sehr speziell. Die Räumlichkeiten … Da gab es zum Beispiel das Pärchenzimmer mit dem riesengroßen Bett aus schwarzem Leder in der Mitte und der Liebesschaukel. Und dann die Spielgeräte. Also, früher hätte ich gesagt, das sieht aus wie eine Werkbank hockant gestellt. Oder wie beim Fleischer, wo man irgendwelche Sachen aufhängt. Die Tanzfläche und die Bar waren ja ganz normal. Dann das Herrenzimmer, das war cool, wie man sich ein Herrenzimmer so vorstellt. Mit dicken Ledersesseln und einem Billardtisch in der Mitte. Und an dem Kronleuchter über dem Tisch hing eine gefesselte Frau. Es ist jetzt nicht so, dass mich das sofort total begeistert hätte. Doch richtig schlecht fand ich es auch nicht. Dann die Leute in diesen Outfits. Ich fand das schon gewöhnungsbedürftig, dass viele von ihnen maskiert waren, und habe mich gefragt, wie sie das aushielten. Mir ist schon vom Zuschauen schwarz vor Augen geworden. Und dann dieser Riesenschrank von Typ, zwei Meter groß, ein breites Kreuz und Muskeln wie ein Bodybuilder. Der stand mit einem weißen String-Tanga und silbernen High Heels an der Bar und schlürfte einen Prosecco. Da musste ich sagen: Hut ab, das hätte ich mich nicht getraut. Den Vogel abgeschossen hat für mich dieser Kerl mit der Gasmaske und dem Latexanzug, da musste ich sofort an meine Armeezeit und die Gasalarm-Einsätze denken. So etwas würde ich nie im Leben freiwillig aufsetzen. Aber gut, das ist seine Sache, wenn es ihn anmacht, dachte ich mir dann. Vielleicht war das auch eine Frau, das war nicht zu erkennen. Wenn man keine Vorurteile gegenüber Menschen mit speziellen sexuellen Vorlieben hat, kann so ein Clubbesuch sogar sehr spannend sein. Nur hatte ich keine Ideen, was ich an diesem Abend selbst hätte tun können – außer mich zu unterhalten, den anderen zuzusehen und ab und zu Drinks von der Bar zu holen.

♥ *Susanne:* Ich fand es sehr mutig und auch ziemlich cool von Frank-Thomas, dass er mitkam. Wir hatten einen richtig tollen Abend. Doch das, was ich mir heimlich erhofft hatte, nämlich, dass ich mich in ihn verlieben würde, wenn er mich dorthin begleitete, das traf nicht ein. Wir haben uns zwischendurch zwar mal geküsst, sind auch eine ganze Zeit lang in dem Pärchenraum herumgelegen und haben danach wieder zusammen bei mir übernachtet, aber es ist rein gar nichts „passiert". Ich fand es nett mit ihm. Platonisch halt.

Wenn er an diesem Abend über mich hergefallen wäre, ich hätte mitgemacht. In dieser Atmosphäre auf jeden Fall. Aber er war zurückhaltend. Okay, dann will er wahrscheinlich nicht, so interpretierte ich das ...

★ *Frank-Thomas:* Was ich Susanne nicht gesagt hatte, was überhaupt niemand wusste: Bis zu diesem Zeitpunkt hatte ich noch nicht einmal normalen Sex gehabt. Ich war mit meinen 40 Jahren noch Jungfrau.

KAPITEL 4

FRANK-THOMAS, DER EWIG SCHÜCHTERNE

„Frank-Thomas ist ein supernetter Kerl, aber er wirkt immer so verschlossen. Ich weiß nicht, was ich mit ihm anfangen soll."
Susanne, Mai 2009

★ *Frank-Thomas:* Ich wollte schon immer eine Frau und Kinder, ich bin ein totaler Familienmensch, habe es aber über Jahre geschafft, genau das nicht zu bekommen, weil ich einfach nicht die richtige Frau gefunden habe. Ich glaube, das ist oft so bei Menschen, dass sie das, was ihnen am allerwichtigsten ist, mit großer Zielstrebigkeit vermeiden. Unbewusst natürlich. Heute kann ich offen über diese Problematik reden, die mich mein Leben lang beschäftigt und gequält hat, und mittlerweile bin ich entspannt und denke, wahrscheinlich sollte alles genau so sein. Was Beziehungen und Sex betrifft, bin ich ein Spätzünder, der dafür aber gleich mit 200 Prozent durchgestartet ist.

Ich hatte meine erste richtige Beziehung und mein „erstes Mal" mit 40.

Ich frage mich manchmal selbst, wie ich es hingekriegt habe, so lange als Single zu leben. Ich habe mir immer eine Familie gewünscht, aber als Jugendlicher und als junger Mann war ich fürchterlich schüchtern. Dazu kamen zwei äußerliche Mankos, die mich plagten. Zum einen meine starke Kurzsichtigkeit, und jeder weiß, dass es Anfang der 1980er Jahre noch diese daumendicken, hässlichen Brillengläser gab. Zum anderen hatte ich Pickel. Okay, jeder in meiner Klasse hatte das eine oder andere Problem mit Pubertätsakne, doch bei mir war das schlimmer als bei meinen Mitschülern.

Ein stockschüchterner Streuselkuchen mit Glasbausteinen auf der Nase, na toll. Ich habe mich ziemlich gequält mit dem Thema „Frauen". Ich war immer für alle nur der nette Kumpel, derjenige, mit dem man sich gut unterhalten und die wichtigen Fragen des Lebens besprechen konnte.

Ich konnte gut tanzen, als männlicher Tanzpartner war ich stets gefragt. Ich war immer sehr zuvorkommend und höflich zu Frauen, aber die hatten gar kein Interesse daran. Ich habe alles Mögliche versucht und getan, um die Mädchen auf mich aufmerksam zu machen und attraktiver zu werden.

Einmal habe ich mir sogar eine Dauerwelle machen lassen, in den 1980er Jahren war das ja auch bei Männern Mode. Ich bin stundenlang beim Friseur gesessen, doch eine Freundin habe ich dadurch auch nicht bekommen.

Frauen waren für mich ein Buch mit sieben Siegeln. Ich wusste nie, was sie wollten.

Einmal gab es eine Klassenkameradin, die sich ernsthaft für mich interessierte, doch das bekam ich selbst gar nicht mit. Ich konnte einfach ihre Signale nicht deuten. Frauen sagen ja auch nie klar, was sie wollen. Ein Kumpel erzählte mir später, dass das Mädchen scharf auf mich war, aber da war es schon zu spät und sie hatte einen anderen. Dann gab es eine andere, die habe ich in der Schlange vor unserer Disco kennengelernt. Sie war mit einer Freundin da und ich mit einem Kumpel, und sie hat mich total angeflirtet und verführt. Wir hatten echt viel Spaß, sie hat mich sogar so weit gebracht, dass ich ihr mitten auf der Tanzfläche den Hintern versohlt habe. Und hinterher ist sie mit meinem Kumpel abgeschoben. Da war ich echt sauer!

Was mich bei Frauen wirklich schon immer irritiert hat, ist, dass man einfach nicht weiß, woran man ist.

Ich denke manchmal: Vielleicht hatte es ja doch einen Vorteil, dass ich so lange Single war. Ich konnte das Ganze sehr genau studieren, ohne direkt betroffen zu sein. Ich hatte immer ehrgeizige persönliche und berufliche Ziele, und die habe ich auch erreicht. Zum Beispiel, mit 14 Moped zu fahren und mit 16 den Motorradführerschein zu erwerben und mein erstes Motorrad zu haben. Das war für mich berechenbar. Ich habe meine Eltern dabei unterstützt, ein uraltes Bauernhaus zu sanieren und bewohnbar zu machen. Ich stamme aus der ehemaligen DDR, direkt an der polnischen Grenze. Dort in den 1980er Jahren aus eigener Kraft ein Haus zu renovieren, das war eine große Nummer. Ich war über mehrere Jahre jeden Abend und jedes Wochenende auf der Baustelle. Ich hatte gar keine Zeit für Frauen. Das andere war:

Ich hatte keine Lust auf diese Rumzickereien. Ich habe mir die gesammelten Dramen meiner Freunde angeschaut: Verliebtheitsphase, Herzschmerz, dann kommt die Neue und das Gleiche beginnt von vorn.

Dieses Gejammere und Geheule, muss man das eigentlich haben? Heute so und morgen wieder ganz anders. So ein Theater braucht doch kein Mensch! Ich war mir sicher: Es gibt irgendwo eine Frau, die nicht so rumzickt, und die will ich haben! Das hat dann halt etwas länger gedauert. Damals fand ich es leichter, Hunde auszubilden. Ja, ich liebte Hunde, das tue ich noch immer. Hunde sind definitiv einfacher zu verstehen als Frauen. Mit 14 habe ich einen Riesenschnauzer-Welpen bekommen, eine Hündin, um die habe ich mich liebevoll gekümmert und sie ausgebildet. Sie hatte einen adeligen Stammbaum und ich habe sie „Perle" genannt. Sie stammte aus einem bestimmten Wurf, und da war bei der Namensgebung gerade der Buchstabe „P" dran – und mir ist kein besserer Frauenname eingefallen.

Während sich meine Kumpel mit ihren rumzickenden Freundinnen sonntagmorgens darüber stritten, ob man an den See fährt oder ins Kino, bin ich mit meiner „Perle" auf den Abrichtungsplatz gegangen und hatte Spaß ohne Gemecker.

Mir war das damals wirklich angenehmer, auch wenn ich andererseits natürlich ein wenig neidisch war. Für meine Kumpel war ich immer ein guter Ratgeber, und für die Mädchen der Frauenversteher. Von außen konnte ich genau sehen, wie die Frauen ihre Männer manipulierten und wie umgekehrt die Männer die Frauen dominierten. Auch konnte ich schnell erkennen, ob eine Beziehung funktionieren würde oder nicht. Ich konnte teilweise sogar auf den Monat genau vorhersagen, wie lange eine Beziehung halten würde. Während meines Studiums in Berlin habe ich mit ein paar Kumpeln im Studentenwohnheim gewohnt, und zwei Frauen zogen auf unseren Flur. Das ist im Bereich Maschinenbau eine echte Seltenheit. Eine von ihnen studierte Bauingenieurwesen, eine super Braut, auf die alle scharf waren. Mein Kumpel Frank, ein totaler Frauenheld, hat es dann tatsächlich geschafft, eine Beziehung mit ihr anzufangen. Ich habe mich irgendwann einmal mit ihr unterhalten, und ich konnte sehen, dass sie eigentlich etwas ganz anderes wollte als er. Und ich wusste, wenn er in den Semesterferien wieder in Sachsen ist, wo die schönen Frauen auf den Bäumen wachsen, dann kommt der Schürzenjäger bald auf andere Gedanken. Und es war tatsächlich so. Ich wollte eigentlich mit den anderen um eine Kiste Sekt wetten, dass das so passiert, und habe mich geärgert, dass ich das nicht gemacht habe. Es gab noch ein paar ähnliche Situationen in meinem Bekanntenkreis, in denen ich solche Prognosen abgegeben habe. Allerdings wollte das niemand wissen, und ich habe irgendwann auch nichts mehr gesagt.

Zwischendurch überlegte ich kurz, ob ich vielleicht Paartherapeut werden sollte. Diesen Gedanken habe ich aber schnell wieder verworfen, denn das machte ja gar keinen Sinn, solange ich selbst keine Beziehung hatte.
Während des Studiums hatte ich immer noch schlimme Akne, hatte lauter gelbe Pickel und Beulen im Gesicht, und das zusammen mit einer Brille, deren Gläser so dick waren wie der Boden einer Cola-Flasche. Außerdem hatte ich Übergewicht.

Ich fand mich selbst überhaupt nicht attraktiv.

Ich ging alle nasenlang zum Hautarzt und hatte einen riesen Hals, wenn der schon wieder mit seinen vorausgefüllten Rezeptzetteln für irgendwelche Tuben und Pasten dasaß. Dann war ich mit meinem Kumpel Bodo auf einer Motorradtour in Skandinavien, und ich wusste, dass er früher auch ein extrem pickeliges, beuliges und vernarbtes Gesicht gehabt hatte. Wir saßen in Finnland am Lagerfeuer, und ich schaute Bodo an, der ganz reine Haut hatte, und fragte ihn: „Was hast Du gemacht, dass Deine Pickel weggegangen sind?" Er hatte von jemandem den Tipp bekommen, zu einem ganz bestimmten Heilpraktiker zu gehen, und diesen habe ich zwei Wochen später dann auch aufgesucht. Der untersuchte mich gründlich, machte einen Stoffwechselcheck, eine Ausleitung, und erklärte mir, wie ich meine Ernährung umstellen sollte, und danach wurde meine Haut besser. Gegen Ende des Studiums sah ich langsam aus wie ein durchschnittlich attraktiver Mann. Und dann stürzte ich mich in die Arbeit. Ich dachte, jetzt muss ich erst einmal gute Leistungen bringen, mich im Job beweisen. Ich habe mich so reingehängt, dass ich kaum Zeit für Privates hatte. Das Einzige, was ich mir gönnte, waren Motorradtouren in der ganzen Welt. Ich war immer wieder mit Freunden unterwegs, in der Türkei, in Marokko, in Neuseeland. Nur die richtige Frau, die begegnete mir da nicht.

So richtig darum gekümmert habe ich mich aber auch nicht. Ich war zum Beispiel nie in Internetbörsen für Singles oder so.

Ich hatte die Hoffnung, dass meine Traumfrau einfach plötzlich auftaucht.

Natürlich hatte ich auch Angst vor Ablehnung. Im Job ein Nein zu kassieren, war für mich kein Thema. Ich war ja im Vertrieb tätig, da handelst du dir jeden Tag mehrmals ein Nein ein. Aber privat traute ich mich immer noch nicht, Frauen anzusprechen, weil ich wusste, ein Nein würde mir extrem viel ausmachen. Und dieses Gefühl wurde immer schlimmer, weil ich mir gleichzeitig zunehmend Druck machte: „Jetzt musst Du es doch langsam mal hinkriegen!" Ich habe den Dreh einfach nicht gekriegt und mich immer mehr in meine Arbeit zurückgezogen. Da war ich gut und bekam jeden Tag Anerkennung von meinem Chef und meinen Kollegen.

Doch mein Privatleben fand ich selbst ätzend. Je länger ich Single war, desto mehr ließ ich mich gehen: Schlechte Ernährung, wenig Sport, viel arbeiten, verloren in der virtuellen Welt von Bildern und Filmen mit nackten Frauen, von Pornos. Da war ich Mitte 30. Und ich bekam irgendwann gesundheitliche Probleme. Konnte meinen Schulter-Nacken-Bereich nicht mehr bewegen, war im wahrsten Sinne des Wortes total verspannt. Dann fing ich an, Persönlichkeitsentwicklungsseminare zu besuchen. Ich wollte wissen, ob irgendetwas an mir falsch war und wenn ja, wie ich es ändern konnte. Und ich hatte die leise Hoffnung, dort eine Frau zu finden. Die ersten Seminare waren sehr interessant und machten viel Spaß. Ich merkte, das war mein Ding: Kontakt mit interessanten Menschen, spannende Dinge lernen, neue Erkenntnisse gewinnen, zusammen lachen. Ich hatte einmal in Sydney sogar eine ganz kurze Affäre, die nach dem Seminar aber schnell wieder vorbei war. Der Gedanke, der dann kam, war:

Bin ich vielleicht schwul? Vielleicht will ich ja gar keine Frau, sondern einen Mann?

Das sind so Gedanken, die man sich macht – Fragen, die man sich stellt. Wie sollte ich das wissen? Ich hatte noch nie etwas mit einem Mann gehabt und wollte es eigentlich auch nicht. Aber man weiß ja nicht, was so in einem steckt, und ich wusste auch nicht, ob man das sicher merkt, wenn es so ist. Ich hatte nie mit jemandem darüber gesprochen. Es musste ja einen Grund geben, warum ich keine Frau hatte.
Ich wollte also herausfinden, ob ich eventuell schwul bin, und habe mich für ein viertägiges Seminar nur für Männer angemeldet. Ich dachte mir, wenn ich da vier Tage nur unter Männern bin und wir zusammen duschen und in Hütten übernachten und wer weiß was unternehmen, dann werde ich es schon merken. Und ich habe gemerkt: Männer machen mich nicht an. Ich stehe definitiv auf Frauen!

Und so ging mein Warten auf die Richtige also weiter …

KAPITEL 5

UMWEGE ERHÖHEN DIE ORTSKENNTNIS

„*Manchmal denke ich, ich musste mir den ganzen Beziehungsstress so intensiv anschauen, um genau zu wissen, was ich nicht will. Und um dann endlich für denjenigen bereit zu sein, der wirklich zu mir passt.*" Susanne, November 2013

♥★ *Susanne und Frank-Thomas:* So haben wir also beide unterschiedliche Strategien zur Partnersuche gehabt, die jeweils nicht zum Erfolg geführt haben. Frank-Thomas war eher passiv und hat gewartet, dass die Traumfrau um die Ecke kommt. Susanne hat die ganze Zeit aktiv gesucht und sogar gefunden, aber immer die Falschen. Weil sie dem falschen Muster nachging. Falsch im Sinne von: etwas anderes als das, was sie EIGENTLICH wollte. Von außen betrachtet ist das spannend bis amüsant. Wenn man da mitten drinsteckt, ist es echt ätzend …

♥ *Susanne:* Im Jahr 2009 hatten Frank-Thomas und ich einige wirklich ernsthafte Chancen, ein Paar zu werden, doch wir kamen über die platonische Ebene irgendwie nicht hinaus. Selbst der Besuch im Kitty Cat Club reichte für mich nicht, ich war einfach nicht in ihn verliebt. Nachdem das mit dem Musiker aber nicht funktioniert hatte, war ich nun wieder neugierig, wie ich endlich eine richtige Beziehung eingehen könnte, mit jemandem, der wirklich zu mir passte und der das Gleiche wollte wie ich.

★ *Frank-Thomas:* Ja, an diesen Sommer kann ich mich noch gut erinnern. Da hat Susanne mich einmal sonntagmorgens angerufen und mir völlig aufgedreht auf die Mailbox gesprochen, sie hätte jetzt endlich mit ihren verkorksten Beziehungen zu Männern aufgeräumt. Ich glaube, da war sie auf irgendeinem Kongress gewesen, aber genau wusste ich das nicht. Ich war am Abend zuvor auf einer Geburtstagsparty gewesen, hatte ein paar Bier getrunken und war ziemlich ratlos, was ich mit dieser Nachricht anfangen sollte. Was um alles in der Welt wollte sie mir damit sagen?

♥ **Susanne:** Das weiß ich auch nicht mehr genau. Ich glaube, ich wollte Dir einfach nur meine Erkenntnisse von dem Kongress erzählen.

★ **Frank-Thomas:** Das ist genau das, was ich immer wieder sage: Frauen kann man als Mann nicht wirklich verstehen.

♥ **Susanne:** Ich beschloss in jenem Sommer, es noch einmal mit Frank-Thomas zu versuchen. Der Abend im Kitty Cat Club war ja nett gewesen, und unsere gemeinsame Mentorin Sonja hatte mich auch ein weiteres Mal ermuntert, mich mit ihm zu treffen und ihn näher kennenzulernen. Auf ihre Idee, wir könnten ja zusammen Motorrad fahren, bin ich allerdings nicht so richtig angesprungen, das wäre mir nicht geheuer gewesen, hinten auf so einem Ding zu sitzen. Aber ein gemeinsames Wochenende, das konnten wir ja machen. Ich lud ihn also nach München ein. Freitags gab es eine Grillparty an der Isar, und dort wollten wir uns zum Einstieg treffen. Zwei Freundinnen von uns waren auch eingeladen.

Doch, wie das Leben so spielt: Es wurde nichts aus dem gemeinsamen Wochenende.

Es fing damit an, dass wir gar nicht zusammen zu der Party gingen, sondern uns erst dort trafen. Frank-Thomas kam aus Düsseldorf mit dem Auto und wollte vorher noch jemanden treffen, und ich wollte unbedingt mit dem Fahrrad zur Isar fahren. Ich hatte nicht klar kommuniciert, was ich eigentlich an diesem Wochenende vorhatte, und es war auch noch gar nicht sicher, ob Frank-Thomas bei mir übernachten würde. Und dann unterhielt sich Frank-Thomas auf der Party, zu der ich etwas später kam, die meiste Zeit mit unseren beiden Bekannten, bis eine von ihnen ihn einlud, bei ihr zu nächtigen. Und ich – ich verrannte mich auch in eine andere Richtung.

Ich lernte an diesem Abend einen anderen Mann kennen, der mich darauf ansprach, dass meine Lampe am Fahrrad kaputt sei und mich fragte, ob er sie reparieren sollte. Diesen Typen fand ich unglaublich sympathisch, witzig, sexy. Bereits am nächsten Tag traf ich mich erneut mit ihm, er schien großes Interesse an mir zu haben, er konnte sehr gut reden und alle unterhalten, sprach genau wie ich mit leichtem westfälischem Akzent und verführte mich nach Strich und Faden. Eine Woche später war er mein neuer Freund, und ich schwebte im siebten Himmel. Frank-Thomas blieb mir als netter Kumpel erhalten. Mit meinem neuen Freund, der beruflich in Osteuropa im Vertrieb unterwegs und außerdem Hobbyjäger war, glaubte ich zu haben, was ich immer gesucht hatte: einen eloquenten, witzigen Mann, in den ich hemmungslos verliebt war und der mir 10 000 Mal am Tag sagte, wie toll er mich fand.

★ **Frank-Thomas:** Ich habe mich nach diesem Wochenende kurz gefragt, warum Susanne mich eigentlich eingeladen hatte, denn viel Zeit hatten wir ja gar nicht miteinander verbracht. Aber ansonsten habe ich mir keine weiteren Gedanken gemacht, ich war ja gut beschäftigt.

Später habe ich dann erfahren, dass Susanne einen neuen Freund hatte. Ich muss zugeben, ich war einen Moment lang neidisch, denn ich war ja immer noch Single. Doch das sollte sich bald ändern.

Für mich kam die Wende im Herbst 2009. Ich war gerade aus einem dreiwöchigen Single-Urlaub aus Andalusien zurückgekommen, natürlich war ich immer noch Single und ziemlich frustriert. An einem regnerischen Abend entschied ich spontan, für einen Monat nach Kapstadt zu fliegen. Ich hatte eigentlich keinen Urlaub mehr, aber irgendwie war mir das egal. Ich war in jenem Jahr 40 geworden, hatte immer noch keine Frau, war genervt und ließ mich krankschreiben. Diagnose Burn-out, das war gar nicht so weit hergeholt. Ich war tatsächlich leer, ausgebrannt von zu viel Arbeit ohne private Erfüllung. Ich war fix und fertig und wollte so nicht mehr weitermachen. Ich wusste, Kapstadt würde mir guttun. Und dort hatte ich nach kurzer Zeit auf einmal eine Freundin. Verrückte Geschichte. Nach einer Woche vor Ort mietete ich mir eine AC Cobra (ein amerikanisches Sportwagen-Cabrio), um damit zum Kap der Guten Hoffnung zu fahren. Ich hatte ein Mini-Modell dieses Autos seit vielen Jahren in meinem Schrank stehen und wollte mir endlich den Traum erfüllen, einmal damit zu fahren. Und ich war nicht alleine! Claudia, eine Bekannte von mir, die ich vor einigen Jahren auf einem Seminar kennengelernt hatte und die zur selben Zeit auch in Kapstadt war, hatte von meinen Plänen erfahren und fragte mich, ob ich sie mitnehmen würde.

Ich sagte Ja, hatte aber keinerlei Hintergedanken, ich wollte einfach nur dieses Auto fahren.

Claudia redete die ganze Zeit während der Fahrt und stellte mir Fragen zu meiner Familie, ob ich mittlerweile eine Beziehung hatte und wie der Single-Urlaub gewesen war. Und irgendwann sagte sie, dieser Tag, wäre ja von historischer Bedeutung. In diesem Moment hatte ich keinen Schimmer, was sie damit meinte. Ich dachte nur, es ist Samstag, was will sie denn? Ehrlich gesagt, hat mich das alles nicht besonders interessiert, ich wollte dieses geniale Auto fahren und genoss es, von den Porschefahrern gegrüßt zu werden und den Acht-Zylinder röhren zu lassen.

Während einer Kaffeepause in einem Fischrestaurant am Meer zwischen einem Cappuccino und einer Zigarette fragte sie mich plötzlich: „Du, was hältst Du davon, wenn wir beide ein Paar werden?"

Ich schluckte. Wie jetzt? Für die Zeit in Kapstadt? Ich wusste wirklich nicht, wie sie das meinte. Sie sagte: „Nein, richtig ein Paar, für die Zeit in Kapstadt und auch danach!" Das konnte ich mir nicht vorstellen. Keine Ahnung, ob das gut wäre oder nicht. Ich hatte in meinem Kopf einfach ein ganz anderes Bild von meiner Frau und ging sofort gedanklich meine Checkliste durch. Außerdem war meine Vorstellung davon, wie eine Beziehung anfängt, eine ganz andere.

Ich dachte immer, ich würde mich mit einer Frau erst ein paarmal treffen, mit ihr tanzen gehen, wir würden ab und zu etwas gemeinsam unternehmen und uns dabei langsam besser kennenlernen und annähern.

Bis wir dann eines Tages knutschen und ich ihr gestehe, dass ich noch gar keine Erfahrungen mit Frauen habe, wovon sie sich natürlich nicht abschrecken lässt. Dann kommen wir uns näher und irgendwann haben wir Sex. Wir fangen gemeinsam an, zu üben und zu experimentieren, wir lachen viel und es macht einfach Spaß. So ungefähr war mein Bild. Mein anderer Gedanke an diesem Mittag in diesem Restaurant direkt am südafrikanischen Meer war: Na ja, wenn Claudia mir das schon anbietet, warum nicht, was kann denn schlimmstenfalls passieren? Dass ich endlich Sex habe? Von unseren Gesprächen wusste ich, dass sie viel Erfahrung in diesem Bereich hatte, also konnte ich nur profitieren. Ich sagte Ja.

Okay, lass uns ein Paar sein!

Abends sind wir mit der Cobra noch eine Runde durch Kapstadts Partymeile gefahren, ich bin mit ihr ins Hotel gegangen und wir hatten Sex. So wurde meine Jungfernfahrt mit der Cobra gleichzeitig zu meiner eigenen Entjungferung. Manchmal ist das Leben schon verrückt, oder? Mit Claudia war ich insgesamt zweimal ein halbes Jahr zusammen, zwischendurch haben wir uns für längere Zeit getrennt. Aber ich habe immer wieder gemerkt, dass ich mich nicht hundertprozentig auf sie und unsere Beziehung einlassen konnte. Es gab zu viel, das einfach nicht passte. Zum Beispiel, dass sie keine Kinder mehr bekommen wollte. Sie war um einiges älter als ich und hatte bereits zwei erwachsene Kinder.

Mit Claudia ist mir klar geworden: Es gibt bestimmte Dinge, die mir in einer Beziehung wichtig sind, und wenn die nicht passen, bleibe ich lieber alleine!

Wofür ich Claudia bis heute dankbar bin, ist, dass sie mich damals unterstützte, meine Festanstellung aufzugeben und mich selbstständig zu machen. Ich hatte schon seit der Wende 1989 über eine Selbstständigkeit nachgedacht, aber erst durch Claudias Motivation traute ich mich, meinem Chef ein paar ehrliche Worte über die Ausbeutung der Mitarbeiter zu sagen, die ich schon seit so vielen Jahren im Unternehmen beobachtet hatte. Bereits zwei Tage später war ich freigestellt. Und habe erst einmal ein paar Monate gar nichts gemacht.

♥ *Susanne:* Während Frank-Thomas mit Claudia zusammen war, hatte ich parallel meinen Hobbyjäger. Meine Gefühle für ihn wurden quasi stündlich stärker und intensiver, und ich war mir zunehmend sicher, jetzt endlich meinen Seelenpartner gefunden zu haben. Ich genoss seine vielen Komplimente, die Dessous und die erlesene Kleidung, die er mir schenkte, die leckeren Abendessen, die er mir kochte. Selten habe ich mit einem Menschen so viel gelacht. Und er wollte auch Kinder haben. Na also! Nach einigen Monaten überlegten wir, zusammenzuziehen. Dazu kam es allerdings nicht, denn er verließ mich wieder. Quasi über Nacht machte er Schluss – nachdem wir eine Woche zuvor eine Anzeige für eine gemeinsame Wohnung aufgegeben hatten. „Kalte Füße kriegen" nennt man so etwas, glaube ich. Das war ein totaler Schock für mich. Ich versuchte über Monate, ihn zurückzugewinnen, aber ich hatte keine Chance. Ich probierte immer wieder, mit ihm zu sprechen, einfach einmal in Ruhe zu reden, denn ich war mir sicher, das Ganze war nur ein riesengroßes Missverständnis. Er hatte mir so oft gesagt, dass er mich liebt, da konnte er doch nicht einfach Schluss machen? War das gelogen? War ich ihm zu unkonventionell – mit allem, was ich tat und vorhatte? Eine Unternehmerin, die am Wochenende, wenn andere Freizeit haben, an Weiterbildungen und Seminaren teilnimmt, die eigentlich rund um die Uhr mit ihrem Business beschäftigt ist und das alles in Zukunft am liebsten mit ihrem Partner zusammen tun würde; eine Frau, die Bücher schreibt und mit so undefinierbaren Dingen wie Coaching Geld verdient, die in ihrer Freizeit Sexparties besucht und in dieser Konstellation eine Familie gründen möchte, und zwar möglichst sofort – das ist sicher nicht jedermanns Sache. „Mach doch erst einmal Deine Ernährungsvorträge und Beratungen, das reicht. Du bist nie zufrieden, wieso willst Du immer noch mehr?", fragte er mich, als ich ihn dann doch noch einmal zu fassen kriegte. In diesem Moment ging mir ein Licht auf. Wahrscheinlich tickten wir in einer ganz wichtigen Sache doch viel unterschiedlicher, als ich gedacht hatte, denn ich konnte ihm darauf nur eine einzige Antwort geben:

Ja, tatsächlich, ich will einfach MEHR vom Leben!

Er wollte wissen, warum ich so schnell so viel und immer noch mehr wollte. Für mich war das aber nicht schnell, sondern nur natürlich. Ich hatte doch lange genug gewartet. Ich fragte mich: „Wieso muss ich mich in meinen Beziehungen immer verbiegen und kann nicht einfach so sein, wie ich bin? Wie wäre es, einen Mann zu haben, der mich nicht dauernd ausbremst?" Wenn ich ganz ehrlich war, brauchte ich einen Mann, der Lust hatte, mit mir zusammen etwas Neues auszuprobieren, vielleicht erst einmal ein kleines Projekt. Jemanden, der sich vorstellen konnte, mit mir Seminare zu besuchen. UND ein Kind zu haben. UND mit mir auf die Sexparties zu gehen. UND voll durchzustarten, statt dauernd abzuwägen, ob man nicht noch ein paar Jahre warten oder sich wieder trennen sollte. Ich wollte auf gar nichts verzichten.

Ich war „ready to go" und wollte nicht mehr warten.
Kein Wunder, dass ich nicht den Richtigen fand.
Ein großes Wunder hingegen, dass ich immer noch nicht
sehen konnte, dass Frank-Thomas perfekt zu all dem passte.

Es sollte noch über ein Jahr, eine weitere unglückliche Liebschaft und eine riesengroße Entscheidung benötigen, bis wir endlich zusammenkamen. Und dann noch mal viele Monate, bis wir uns ineinander verliebten.

Die Wochen, die auf das jähe Ende der Beziehung mit dem Jäger folgten, waren schlimm für mich. Emotional gesehen. Ich kann mich nicht erinnern, jemals so schrecklichen Liebeskummer gehabt zu haben. Ich konnte einfach nicht akzeptieren, dass er mich so plötzlich verlassen hatte, nachdem wir schon diese Wohnungsanzeige aufgegeben und die ganze Zeit Sex ohne Verhütung gehabt hatten. Es fühlte sich an, als wäre ich auf der Schnellstrecke aus einem ICE hinausgeschubst worden. Ich war unglaublich wütend in dieser Zeit und hatte immer wieder das Gefühl, mein Herz wäre nun definitiv zerbrochen und würde nicht mehr heilen. Interessanter Nebeneffekt: Ich hatte noch mehr Sex und noch mehr Männer in diesem Sommer, jetzt erstmalig auch verheiratete. Ich stürzte mich volle Pulle ins Leben, hatte ein Gefühl von: Ich habe nichts mehr zu verlieren. Gleichzeitig fühlte ich mich fürchterlich unglücklich. Mit Frank-Thomas hatte ich in jenem Sommer auch eine kurze Begegnung, wir waren für ein verlängertes Wochenende bei einer gemeinsamen Freundin in der Schweiz. Wir übernachteten zusammen in den Bergen, und es passierte etwas, das ich mir selbst kaum erklären kann.

Frank-Thomas und ich hatten plötzlich einige Male Sex.

Die Barriere, die ich bisher ihm gegenüber in Bezug auf Sex gehabt hatte, war auf einmal weg. Mit meinem zerbrochenen Herzen war auch etwas anderes zerbrochen, ein Teil der Wand, die immer zwischen ihm und mir gestanden hatte. Auf einmal konnte ich mich ihm nähern. Ich habe den Sex initiiert, ich habe ihm einfach eine Ansage gemacht: „Ich kann nicht schlafen, wenn Du so neben mir liegst. Du bist ein attraktiver Mann. Lass uns Sex haben." Und dann haben wir losgelegt. Es war ganz einfach. Und es war schön. An diesem Wochenende haben wir uns sehr verbunden gefühlt, und es waren ein paar tolle Tage. Obwohl es in Strömen geregnet hat und wir fast nichts von den Bergen gesehen haben. Was mir aber nach wie vor fehlte, war ein Gefühl von Verliebtsein. Und irgendeine Art von Engagement seinerseits. Ich habe immer gedacht, okay, wenn ich schon nicht verliebt bin, dann muss er es doch wenigstens sein und in irgendeiner Form um mich werben, sich um mich bemühen. Er hat alles mitgemacht, aber ich habe keinerlei Eroberungssignale bekommen. Und irgendwie war nach wie vor klar: „Er ist einfach nicht mein Typ!" Und überhaupt war ich gerade vom Liebeskummer vollkommen vernebelt, und Frank-Thomas befand sich zu jener Zeit noch in der Trennungsphase von Claudia. Es sollte nicht sein mit uns.

Es blieb bei einer Freundschaft. Zwar nicht mehr ganz platonisch, aber es wurde eben auch keine Beziehung.

In jenem Herbst feierte ich meinen 38. Geburtstag. Ich wusste, wenn ich noch ein Baby wollte, musste ich irgendetwas ändern. Nur was? Ich meldete mich bei ElitePartner an. Und gleichzeitig bei JOYclub, einem Internetportal für Erotik und Spaß. Vielleicht würde ich ja dort meinen Traummann finden.

★ *Frank-Thomas:* Also, ich muss zugeben, mit dieser Ansage von Susanne, dass sie mit mir Sex haben wollte, hatte ich überhaupt nicht gerechnet. Aber ich dachte mir, okay, ich habe nicht viel Erfahrung in diesem Bereich, da kann ich ja nur profitieren. Und wenn ich schon einmal eine so klare Ansage bekomme, nachdem ich vorher ja nie kapiert habe, was Frauen wollen, dann auf geht's, gerne! Meine zweite Frau. Der Sex war anders als mit Claudia. Irgendwie liebevoller, schöner. Und ich war überrascht, dass wir im Bett so gut harmonierten. Hatte ich gar nicht gedacht. Das fand ich richtig cool an diesem Wochenende. Ich wusste aber, dass Susanne ihrem Jäger hinterhertrauerte, und habe in den Sex nichts Weiteres hineininterpretiert.
Ein paar Monate nach diesem Wochenende mit Susanne in der Schweiz bekam ich von Claudia einen Heiratsantrag. Sie wollte mich wirklich. Ich sagte aber Nein. Wir versuchten es dann noch einmal halbherzig miteinander, aber mir war eigentlich klar, dass das für mich nicht passt. Ein halbes Jahr später war es endgültig vorbei. Allerdings steckte mir diese Beziehung noch länger in den Knochen.
Ich ging dann für drei Monate nach Kapstadt und nahm mir eine Auszeit von allem. Ich bin dort Harley gefahren, war erstmalig als Coach tätig, habe abends mit einem Bier in der Hand die wunderschönen Sonnenuntergänge über dem Meer betrachtet – und mich gefragt, wie ich wohl noch zu meiner eigenen Familie kommen könnte.

KAPITEL 6

ES REICHT!

„Wenn Du in einer Sache Meister bist, solltest Du in einer anderen wieder Schüler werden." Unbekannt

♥★ ***Susanne und Frank-Thomas:*** Menschen, die auf dem Sterbebett gefragt wurden, was sie in ihrem Leben gerne anders gemacht hätten, antworteten fast immer, sie hätten lieber in stärkerem Maße ihr eigenes Leben gelebt, statt sich so sehr nach anderen zu richten. Doch wie geht das? Wie lebt man sein „eigenes Leben"? Was ist das überhaupt? Paradoxerweise stehen wir uns genau in den Themenbereichen selbst am meisten im Weg, deren Erfüllung wir uns am sehnlichsten wünschen. Manchmal kommen wir über bestimmte Angewohnheiten, innere Einstellungen und sogenannte Glaubenssätze von alleine einfach nicht hinaus. Wir wollen zwar etwas ändern, aber Vernunft, Angst und Gewohnheit siegen. Was es braucht, ist Mut, etwas Unbekanntes zu wagen und ein Risiko einzugehen. Und: eine riesengroße Entscheidung!

Du musst einen Schritt gehen, der viel größer ist als alles, was Du bisher getan hast.

Jeder Mensch hat Phasen im Leben, in denen er das Gefühl hat, in einer Sackgasse zu stecken. Diese Phasen gehen entweder von selbst wieder vorbei, ohne dass sich danach wirklich etwas ändert (dann kommen sie in den meisten Fällen später in anderer Form wieder), oder man wird durch einen Schicksalsschlag oder ein unerwartetes Ereignis so aufgeschreckt und wach, dass man erkennt, dass eine Veränderung ansteht – +und man selbst leitet sie aktiv ein. Letztere ist die sicherste Methode, dass auch das passiert, was man möchte. Dabei kann einen ein erfahrener Coach oder ein Mentor unterstützen – um den Prozess anzustoßen oder zu beschleunigen –, manchmal auch ein Therapeut.

2011 trafen wir beide, Frank-Thomas und Susanne, einige große und sehr wichtige Entscheidungen, die unser beider Leben komplett ändern sollten.

♥ *Susanne:* Ich war ja nun wieder in allen möglichen Internetpartnerbörsen angemeldet. Dort lernte ich Anfang 2011 einen neuen Mann kennen, der mir sehr gut gefiel. Nennen wir ihn Herbert. Mit Herbert war wiederum von Anfang an viel Sympathie von beiden Seiten da. Er war sehr attraktiv, wir haben stundenlang geredet und sind uns auch sehr schnell sexuell nähergekommen. Herbert war ein Frauenverführer, das war klar, ein fantastischer Liebhaber, sehr eloquent und gut aussehend. Nach meiner letzten großen Enttäuschung mit dem Jäger hatte ich nun die Hoffnung, dass er endlich der Richtige sein könnte, derjenige, mit dem ich meine Familie gründen könnte. Die Sache hatte nur einen ziemlich großen Haken: Herbert wollte weder Kinder noch eine Beziehung mit mir. Eigentlich wollte er nur Sex. Und ich wollte das nicht einsehen. Es war doch klar, dachte ich, dass er im Grunde seines Herzens ein Familienmensch war, dass Kinder total gut zu ihm passten, schließlich sprach er oft von seinen Nichten und Neffen.

Ich war mir sicher, dass er nur noch nicht die richtige Frau gefunden hatte.

Und so ging die Quälerei wieder von vorne los. Wir trafen uns regelmäßig, hatten fantastischen Sex, konnten ewig lange miteinander reden, verstanden uns super. Und zwar genau so lange, bis ich das Thema „Beziehung" ansprach. Er suchte zwar grundsätzlich schon eine Frau, hatte sich aber nicht in mich verliebt. Er wollte sich einfach ab und zu treffen und Sex mit mir haben, mehr nicht. Ich wollte eine Beziehung und suchte den Vater meiner Kinder. Das passte wieder überhaupt nicht zusammen, und doch wollte ich die Hoffnung nicht aufgeben. Ich konnte Herbert nicht als potenziellen Partner loslassen, und Herbert wollte mich als Sexpartnerin behalten. Also lief das ein paar Monate lang zwischen uns weiter und ich traf mich parallel mit anderen Männern – auf der Suche nach meiner nächsten Beziehung und dem möglichen Vater meiner Kinder. Irgendwann hatte ich mehrere Lover gleichzeitig, die ich übers Internet oder bei Sexpartys kennengelernt hatte – und ich fühlte mich irgendwie rastlos. Leise, aber unerbittlich hörte ich meine biologische Uhr ticken.

Und mir wurde auch klar: Das mit dem Sex ist ein zweischneidiges Schwert. Einerseits ist es genial, unverbindlich Spaß zu haben, sich zu entspannen, Neues auszuprobieren, immer wieder andere Erfahrungen zu machen. Nur beim Sex kommt man dem anderen sehr nahe und läuft jedes Mal Gefahr, Gefühle zu entwickeln und mehr zu wollen.

Die Wissenschaftlerin in mir kennt natürlich die Erklärung, dass durch körperliche Nähe das Bindungshormon Oxytocin ausgeschüttet wird – bei Frauen verstärkt, weil sie mehr Bindungsstellen für dieses Hormon im Gehirn haben als Männer. Und dieses Hormon bewirkt schnell, dass man sich verliebt, auch wenn man es gar nicht vorhatte.

Im Frühjahr 2011 erlebte ich mit einem meiner Lover einen Frust-Moment, der mich mit so großer Wucht traf, dass ich nicht mehr anders konnte, als innerlich den Entschluss zu fassen, jetzt tatsächlich die Wende einzuleiten. Diese Entscheidung kam nicht aus meinem Kopf, sondern aus meinem Körper. Und sie war kraftvoll.

Ich besuchte eine spezielle Party mit diesem Lover – nicht mit Herbert, sondern mit jemandem, der verheiratet und für mich nur ein reiner

„Spielpartner" auf diversen Sexpartys war. Bei diesem Event galt: Männer sind dominant und Frauen devot. Das heißt, ich hatte an diesem Abend nichts zu melden, was mich auch nicht weiter gestört hätte, wenn die Stimmung nicht insgesamt so streng und wenig humorvoll gewesen wäre. Die Party kam mir von Anfang an sehr düster vor, die Leute sehr ernst, es wurde kaum gelacht. So etwas finde ich befremdlich, selbst wenn es sich um eine solche Party handelt. Mein Begleiter sah sich erst einmal großzügig nach den anderen Frauen um. Ich stand daneben und kam mir reichlich blöd vor, denn die Männer, die sich unterdessen für mich interessierten, hätte ich freiwillig noch nicht einmal nach dem Weg nach draußen gefragt. Jedenfalls machte mich das Ganze nicht besonders an – das kann auf solchen Partys auch passieren.

Schnell wich meine anfängliche Neugier dickem Frust. Ich hatte genug, mir reichte es gründlich!

Ich hätte mir lieber irgendwo einen schönen Abend gemacht und gekuschelt. Und die Fragen hämmerten in meinem Hirn. Wieso eigentlich hatte ich noch immer keinen richtigen Partner, einen, der mich liebte? Und zwar mich komplett, nicht nur diesen einen Teil von mir? Einen Mann, der richtig mit mir zusammen war, der so einen Abend genießen und sich gemeinsam mit mir über die todernsten Gestalten lustig machen konnte. Und mit dem ich am nächsten Morgen kuscheln, frühstücken und Wäsche aufhängen würde.

Halbherzig begannen mein Begleiter und ich ein „Spiel". Er fing an, mir den Hintern zu versohlen – und das, obwohl er wusste, dass ich darauf nicht besonders stehe. Und dann war's vorbei. Mit jedem Schlag wurde mehr Frust bei mir freigesetzt, das konnte ich körperlich spüren. Die Lust war mir buchstäblich schlagartig vergangen. Dunkle Gedanken quollen aus mir heraus, mir schossen Tränen in die Augen, ich fing an zu schluchzen, als wollte alles aus mir raus, was sich an Enttäuschungen in den letzten Jahren angesammelt hatte. In diesem Moment habe ich mich gefragt, ob ich es einfach nicht verdiente, einen Partner zu haben, ob ich einfach nur pervers war, weil ich mir solche Sachen antat und ob ich wegen meiner Sünden in die Hölle kommen würde. Ich glaube, jeder Mensch hat Momente, in denen seine dunkelsten unbewussten Gedanken an die Oberfläche kommen und sichtbar werden. Und das ist nicht schlimm. Man braucht keine Angst vor sich selbst zu bekommen, im Gegenteil, so etwas kann sehr heilsam sein. Denn es ist der Schlüssel zur Transformation. Bei mir war das jedenfalls so. Ohne diesen Abend hätte ich die wichtigste Entscheidung meines Lebens nicht getroffen. Wir haben das Spiel dann abgebrochen, haben uns ins Auto gesetzt und geredet. Das hat gutgetan. Je heftiger die sexuelle Begegnung, desto größer die Gefahr, emotionalen Schiffbruch zu erleiden. Dieses Risikos war ich mir stets bewusst, ich war es oft genug eingegangen. Freiwillig, weil ich es so wollte. Es hatte sich gelohnt. Auch gerade jetzt, als ich an meinem persönlichen Tiefpunkt angelangt war!

Diese Nacht war für mich die entscheidende Wende.

Genug gevögelt. Ich hatte alles erlebt, was ich wollte, alles probiert, von dem ich jemals geträumt hatte. Ich hatte viele Erfahrungen gemacht, fantastische, langweilige und ätzende. Ich wusste: Ich kann jederzeit alles haben und erleben, was ich will. Ich kann es aber auch lassen. Ich brauche es nicht mehr! Es reicht. Ich will wieder eine Beziehung. Nicht mehr nur den Sex, sondern auch den Alltag und alles andere mit jemandem teilen. Erst jetzt war ich wirklich wieder dazu bereit.

In diesem Augenblick beschloss ich, noch im selben Jahr wieder zu heiraten. Ohne zu wissen, wen.

KAPITEL 7

DIE FÜNF-MÄNNER-LISTE

„Was bist Du bereit, einem Mann zu geben?" Sonja Becker, Juni 2011

♥ **Susanne:** Eine Woche nach dem einschneidenden Erlebnis auf der Party und meinem Entschluss meldete ich mich für ein dreitägiges Seminar an, das auf den Ideen und Forschungen des US-amerikanischen Psychologen Abraham Maslow beruhte und von dem ich mir Klarheit und einen Plan erhoffte. Es sollte im Juni in München stattfinden. Da ich für jenes Jahr noch keinerlei Weiterbildungen und Seminare geplant hatte, passte das perfekt. Die Zeit bis Juni verging schnell, wie immer hatte ich viel zu tun. Einmal in der Woche traf ich Herbert, suchte parallel weiter nach neuen Männern, schrieb ein Kapitel über Sexualität in meinem Buch „Der Feelgood-Faktor" und organisierte eine große Frauenkonferenz in Hamburg. Zwischendurch traf ich mich einmal mit Frank-Thomas, der frisch aus seiner dreimonatigen Kapstadt-Auszeit zurückgekehrt war und sich gerade selbstständig machte, auf einen Kaffee. Ich war erstaunt: Er hatte zwölf Kilo abgenommen, das stand ihm richtig gut! So verflog die Zeit. Ruck, zuck war es Mitte Juni und das Seminar stand vor der Tür. Ich war gespannt. Abraham Maslow und seine Erkenntnisse fand ich schon immer faszinierend, ich hatte früher ernsthaft in Betracht gezogen, Psychologie zu studieren. Es ging um die Frage: „Wer bist Du, wenn alle Deine wichtigen Bedürfnisse erfüllt sind, wenn Du selbstverwirklicht bist? Und was brauchst Du, um Deine Bedürfnisse zu erfüllen?" Private, berufliche oder persönliche Themen kamen zur Sprache, je nachdem, was den Einzelnen aktuell beschäftigte. Eine kleine, intime Runde von Menschen an einem Wendepunkt, die neugierig darauf waren, einen tieferen Blick auf ihr Leben zu werfen. Sicher nicht für jeden geeignet, aber ich merkte gleich, wer wirklich

Antworten suchte, war dort richtig. Frank-Thomas war wieder als Co-Trainer dabei. Ich freute mich, ihn wiederzusehen. Entgegen meiner sonstigen Art hielt ich mich im Seminar an den ersten beiden Tagen sehr zurück. Sollten doch erst einmal die anderen ihre Themen einbringen, ich wollte lieber nur beobachten und zuhören. Am zweiten Abend war Karaoke-Party angesagt, alle haben gesungen und getanzt, was das Zeug hielt. Ich nutzte die Gelegenheit, mich als DJane einzubringen, legte meine Lieblingsmusik auf, und alle tanzten bis in die Nacht hinein.

Frank-Thomas mit einer blauen, langhaarigen Perücke. Ich wusste ja, dass er gut tanzen konnte, doch dass er eine so durchgeknallte Seite hatte, erlebte ich an diesem Abend zum ersten Mal.

Wow, mit dem musste in den drei Monaten Auszeit in Kapstadt ja einiges passiert sein. Er war auf einmal total locker im Vergleich zu früher, hatte sich auch optisch verändert, wahrscheinlich weil er schlanker war. Wir gönnten uns ein paar Tänze zu zweit. Der Abend ging zu Ende. Zwar war noch nichts gravierend Neues für mich passiert, aber ich fuhr gut gelaunt nach Hause und war zuversichtlich. Der nächste Tag würde aufregend werden, und ich freute mich. Dass ich in weniger als 24 Stunden mit Frank-Thomas zusammenziehen würde, der gerade eben noch seine blauhaarige Perücke im Takt zu „Griechischer Wein" geschwungen hatte, konnte ich mir auf der nächtlichen Fahrt in meine Single-Wohnung im Münchner Westen beim besten Willen nicht vorstellen.

★ *Frank-Thomas:* Also, das konnte ich mir auch nicht vorstellen, überhaupt nicht. Ehrlich gesagt habe ich an diesem Abend gar nichts gedacht. Wir haben Karaoke gesungen und getanzt. Frauen machen sich immer so viele Gedanken über alles ... Ich fand es einfach nur klasse, zwischen diesen vielen hübschen Frauen zu tanzen. Außerdem bin ich schon immer gerne in Karaoke-Bars gegangen. Als ich 2010 in Kapstadt und mit Claudia zusammen war, sind wir auch einmal mit ein paar Leuten Karaoke singen gegangen. Ich wollte mich an „Born in the U.S.A." von Bruce Springsteen versuchen, habe aber erst auf der Bühne gemerkt, wie schwer es ist, das zu singen. Ich habe einen kurzen Moment überlegt, die Bühne sofort wieder zu verlassen. Dann fiel mir aber der Satz von irgendeinem Erfolgsguru ein: „Wenn Du Dich einmal am Tag blamierst, wirst Du finanziell frei" – und dann entschied ich, das durchzuziehen. Die Kneipe war randvoll und ich habe mich total lächerlich gemacht. Immerhin, ein paar Leute haben hinterher geklatscht, und als ich später mit einem Bier in der Hand an der Bar stand, kam ein Typ auf mich zu und meinte nur: „Respekt, Alter, dass Du das durchgezogen hast, ich hätte mich das nicht getraut." Dafür hatte es sich gelohnt. Wir haben dann noch ein Bier zusammen getrunken. Seitdem ist das Thema „Was passiert, wenn ich mich auf der Bühne blamiere?" für mich erledigt. Mir ist es einfach egal. Jedenfalls bin ich an dem Samstag nach der Party zum Übernachten zu meinen Kumpeln gefahren und das war's. Es ist ziemlich spät geworden, glaube ich ...

♥ **Susanne:** Sonntag, 19. Juni. Der Tag, an dem sich alles ändert. 15:00 Uhr, wechselnde Bewölkung, 20 °C. Ein Seminarraum im Münchner Süden, sieben Teilnehmer, zwei Trainerinnen. Mittags habe ich kaum einen Bissen heruntergekriegt, so aufgeregt war ich. Ich bin an der Reihe mit meinen Themen. Wie finde ich endlich den richtigen Mann? Geleitet wird das Seminar von Sonja Becker, die ich seit Kapstadt kenne. Sie stellt mir Fragen, die es in sich haben. Ich will endlich diesen Knoten zum Platzen bringen, will endlich, dass diese Quälerei aufhört, die ich mir seit Jahren antue. Immer wieder die falschen Männer, die mich gar nicht wollen, immer wieder Herzschmerz, Hoffnung, Herzschmerz. Dazwischen ganz viel Sex – was mir andererseits ja viel Spaß macht! Wie kann es denn gehen, beides zu haben? Ich erzähle von meiner aktuellen

Situation, von Herbert, der mir immer wieder erklärt hat, dass eine Beziehung für ihn nicht infrage kommt, von meinen Affären, der Party mit dem Frust-Erlebnis und dem verheirateten Mann. Ich berichte von meiner letzten Beziehung mit dem Jäger, in den ich so sehr verliebt war. Ich kann die Tränen nicht zurückhalten, als ich über ihn spreche. In diesem Moment habe ich das Gefühl, dass ich ihn unbedingt zurückhaben will. Nur wie? Mein Fazit: Mir reicht es so sehr, ich bin Ende 30 und will endlich den richtigen Mann finden und eine Familie gründen. Und irgendwie treffe ich immer wieder auf Typen, die sich einfach nicht für mich entscheiden können. Wie kann das denn sein? Ich frage mich selbst und alle in der Runde:

Bin ich so unattraktiv? Oder stimmt es wirklich, dass die akademisch gebildeten Frauen Ende 30 heutzutage einfach keinen passenden Mann mehr finden, zumindest keinen auf Augenhöhe?

Denn es ist doch immer noch so, dass der Chefarzt zwar die Krankenschwester heiraten kann, die Chefärztin aber keinesfalls den Krankenpfleger. Oder? Davon mal abgesehen: Ich will gar keinen Krankenpfleger!

„Zuallererst musst DU Dich für einen Mann entscheiden", unterbricht Sonja irgendwann meine Jammertirade. Ha ha, das habe ich doch nun wirklich schon oft genug getan. Die Idioten wollen einfach nicht! Zumindest für diesen Jäger, meine letzte ganz große Liebe, also für den hatte ich mich nun wirklich entschieden. Ich bin ein Dreivierteljahr hinter diesem Mann hergelaufen, nachdem er mit mir Schluss gemacht hatte, ich habe um ihn gekämpft, als gebe es keine anderen Männer auf der Welt. Aber selbst das hat nichts gebracht, außer dass ich irgendwann befürchtete, mir eine Anzeige als Stalkerin einzuhandeln. Und mit Herbert ist es jetzt ja wieder ähnlich. Für wen soll ich mich denn entscheiden, wenn alle, die ich will, mich nicht wollen und umgekehrt?

Ich habe in den letzten sechs Jahren über 50 Männer gedatet, und es war nicht einer dabei, mit dem ich das hingekriegt hätte. Ich muss allerdings auch dazu sagen, die meisten von ihnen haben bereits meinen ersten „Ich-spüre-es-auf-den-ersten-Blick-Scan" nicht überstanden, die wenigen, die in Runde zwei kamen, waren in der Regel nicht an mir interessiert und nur bei zweien, dem Musiker und dem Jäger, ist eine Beziehung daraus geworden. Und funktioniert hat das ja beides nicht. Ich bin mittlerweile wirklich schon so weit, zu denken: Vielleicht gibt es tatsächlich nur den einen Richtigen, der passt, und den habe ich bereits in meiner ersten Ehe verbraucht. Pech gehabt, Susanne. Den Rest des Lebens musst Du alleine verbringen.

Während ich mich selbst da vorne laut reden höre, denke ich: Von außen betrachtet muss ich ja wirken wie die Prinzessin auf der Erbse. Alle paar Wochen lerne ich einen neuen Mann kennen, mit jedem Dritten von ihnen habe ich Sex und gleichzeitig gehe ich davon aus, nie wieder jemanden für eine Beziehung zu finden. Das kann doch alles nicht sein.

„Für Dich heißt Beziehung noch, dass Du etwas haben willst. Beziehung heißt aber auch, zu geben und für einen anderen Menschen im Service zu sein. Was bist Du bereit, einem Mann zu geben?"

Wieder so eine Frage von Sonja! Natürlich bin ich bereit, alles zu geben, ich habe schließlich eine Menge zu bieten: Ich bin intelligent, sportlich, gesund und gut aussehend. Ich liebe Sex, ich verdiene mein eigenes Geld. Ach herrje, und ich habe den Männern doch schon so viel gegeben! Ich merke selbst, dass ich mich gar nicht richtig auf diese Frage einlassen kann. Da ist noch so viel Wut in meinem Bauch. Aber hinter all der Emotion spüre ich, dass es stimmt. Tatsächlich geht es bei dem ganzen Thema immer nur um mich. Die ganze Zeit nur ich, ich, ich. Was MIR fehlt, was ICH will, was ICH brauche. Wer will denn schon eine so selbstbezogene, anspruchsvolle und egomanische Zicke an seiner Seite haben? Was kann ich denn wirklich geben? Wie kann ich wirklich für einen Mann im Service sein – ohne sofort im Gegenzug selbst etwas haben zu wollen? Denn so ist es doch.

Beziehungen sind immer ein Deal. Ich gebe etwas, dafür bekomme ich etwas.

Wenn ich das Gefühl habe, zu viel zu geben, gerät die Beziehung in eine Schieflage. Doch kann man überhaupt zu viel geben? Fragen, die mich nachdenklich machen. Schlagartig wird mir klar, dass ich bisher vielleicht einen falschen Blickwinkel auf das Ganze hatte. Wie wäre es, wenn ich es einmal komplett anders herum betrachte und überlege, wie ich einen Mann glücklich machen kann, wie ich ihm alles geben kann, was ihm fehlt, was er sich wünscht und was er braucht? Und meine eigenen Wünsche einmal vollständig zurückstelle? Hmm. Und sofort schleicht er sich wieder ein, der hartnäckige Gedanke: Wenn es jemand ist, in den ich verliebt bin, ist das doch keine Frage, dann tue ich ja sowieso alles für ihn. Aber die Männer, in die ich verliebt bin, wollen mich ja nicht. Hmm. Moment! Und wenn ich es für jemanden tue, in den ich nicht verliebt bin? Das würde ja heißen ...

Puuuuuhhh! Wer tut sich schon mit einem Menschen zusammen, in den er nicht verliebt ist?

Mir wird abwechselnd heiß und eiskalt. Und ich werde mir bewusst, dass das in meinem Kopf alles nur Theorie ist. So komme ich nicht weiter. Wieso ist das nur alles so schwer? Verflixt!
Unser Gespräch geht weiter, wir beleuchten gemeinsam einige weitere Themen in meinem Leben, im Business läuft so weit alles, und irgendwann schlägt Sonja vor: „Wie wär's, wenn Du Dich nächsten Freitag auf der Sommerparty verlobst?"

Schluck. Wie bitte?

„Ja, natürlich sehr gerne! Coole Idee. Das ist es ja, was ich will. Das, äh, ist in fünf Tagen ... Und mit wem?"

Sonja schmunzelt und schweigt. Und ich sitze auf dem Sessel mit offenem Mund. Die Idee gefällt mir wirklich. Am kommenden Freitag veranstaltet Sonja mit ihrem Team am Starnberger See eine Summer Connection Party. Ich werde den Abend moderieren und habe auch schon ein paar Freunde eingeladen. Ich liebe Partys! Wir rechnen mit knapp 100 Gästen, das wird ein richtig edles Event mit Essen, Programm und Abendkleidern ...

Mich dort zu verloben, direkt am See, auf dieser Party, ja, das hat was. Allerdings habe ich wirklich keine Ahnung, mit wem.

Ich habe ja gerade gar keinen Partner. Für dieses Projekt brauche ich noch ein wenig Hilfestellung: „Wie soll ich das anstellen?"

Sonja ist da recht pragmatisch: „Na, Du kennst doch viele Männer. Wen magst Du, mit wem hast Du Sex, wer ist in Deiner Nähe? Schreib sie alle auf, Name, Telefonnummer, und dann ruf sie an und frage jeden, ob er sich am Freitag mit Dir verloben will."

Jetzt muss ich schmunzeln. Diese Idee ist völlig abgefahren. Verrückt! Aber irgendwie genial. Das passt zu mir. Ein Abenteuer mit völlig ungewissem Ausgang. „Darüber könnte ich ein Buch schreiben", geht mir durch den Kopf. Was für eine irre Idee! Und der Gedanke, in fünf Tagen endlich einen Mann an meiner Seite zu haben, hat etwas ungemein Aufregendes und Befreiendes. Habe ich nicht eben noch gesagt, ich würde alles dafür tun, wieder eine Beziehung zu haben? Ich fange an, im Kopf eine imaginäre Männerliste zu machen, und ziemlich schnell stehen da fünf Namen. Fünf Männer, mit denen ich schon einmal etwas hatte, mehr oder weniger intensiv. Allerdings erscheint mir keiner von ihnen an diesem Nachmittag als potenzieller Verlobter realistisch. Wirklich keiner, jeder eher noch unwahrscheinlicher als der andere, wenn ich anfange, darüber nachzudenken. Aber gut, es sind fünf Namen. Und ich entscheide: Ich werde das durchziehen.

Vor der gesamten Gruppe deklariere ich: „Am Freitagabend auf der Party werde ich mich verloben. Ich weiß zwar noch nicht, mit wem, aber ich mache das. Fünf Tage, fünf Männer. Ladet viele Leute ein!"

Ich bin geflasht. Meine Aufgabe ist klar: Finde einen Mann, der sich in fünf Tagen mit Dir verlobt. Eine Aufgabe, die zu bewältigen sich für mich so unmöglich anfühlt wie nichts zuvor in meinem Leben. Vielleicht bin ich genau deshalb so neugierig darauf. In meinem Hirn rattert und raucht es: Wie um alles in der Welt soll ich das hinkriegen? Das kann ich doch nicht bringen, oder? Jetzt diese Kerle anrufen und fragen. Die halten mich doch für völlig bescheuert. Der Jäger, dem ich ein Dreivierteljahr hinterhergelaufen bin und der mich nicht mehr wollte – also, wenn ich bei dem jetzt noch mal anrufe, holt er wahrscheinlich sein Gewehr aus dem Schrank. Herbert, hm, den habe ich ja schon zweimal gefragt, was soll ich ihm sagen? „Du, ich weiß, Du willst eigentlich keine Beziehung mit mir, aber ich würde mich gerne nächsten Freitag mit Dir verloben." Hm. Dieser Typ, mit dem ich letztens auf dieser Party war, was kann ich ihm sagen? Dass er seine Frau verlassen und sich mit mir verloben soll? Keine Ahnung, ich habe ihn auf jeden Fall erst einmal in die engere Wahl genommen. Frank-Thomas steht auch auf meiner Männerliste, obwohl ich bei ihm immer gesagt habe, dass er nicht passt. Aber er ist wenigstens ungebunden. Und dann ist mir noch jemand eingefallen, ein Österreicher, der mich früher häufig in einen Sexclub begleitet hat und mit dem ich heute noch freundschaftlichen Kontakt pflege. Den Österreicher hatte ich sowieso zu der Party am Freitag eingeladen, der wollte auch kommen. Den könnte ich also spätestens an dem betreffenden Abend noch fragen ...

Bei all der Grübelei komme ich irgendwann zu dem Schluss: Ich habe eigentlich nichts mehr zu verlieren! Ich brauche nicht mehr gut dazustehen, vor niemandem. Die Situation ist so abgefahren, dass die Gespräche sowieso nicht normal verlaufen werden. Die Frage, die mich dann beschäftigt, ist: Mit wem fange ich an? Ich habe noch keine Reihenfolge festgelegt. Wenn der erste Ja sagt, ist alles klar, dann muss ich die anderen nicht mehr anrufen.

Also muss ich entscheiden, wen ich zuerst anrufe, damit ich in dem Fall, dass derjenige Ja sagt, auch den Richtigen ausgewählt habe, den, der am besten passt.

Mein Hirn fühlt sich an, als sei es verknotet. Angenommen der Erste bittet sich Bedenkzeit aus? Ist ja möglich. Wie lange gebe ich ihm dann? Eine Nacht? Eine Stunde? Ich habe ja nur fünf Tage. Oder soll ich die anderen trotzdem anrufen? Was mache ich, wenn ich den Favoriten anrufe, und der ist nicht erreichbar? Auf die Mailbox sprechen? Eine SMS schicken? Was schreibe ich ihm denn dann? „Bitte ruf mich zurück, ist wichtig!" Nein. Lieber später am Abend nochmal versuchen? Trotzdem Nummer zwei anrufen? Oder soll ich mit Frank-Thomas anfangen, der ist ja hier, den kann ich einfach fragen, das wäre am unkompliziertesten? Aber ist er überhaupt mein Favorit? Und was, wenn er Nein sagt? Das wäre mir viel zu peinlich, das kriegen die anderen ja mit. Und wenn er Ja sagt? Vielleicht würde ich doch lieber einen von den anderen haben wollen? Mist.
Diese Gedanken machen mich schier wahnsinnig. Ich habe das Gefühl, es zerreißt mich. Auf der Toilette fange ich an zu weinen, ich fühle mich überwältigt von Ratlosigkeit, Panik, Neugier, Wut, Vorfreude, Angst, Mut und so ungefähr allem, was das menschliche Gefühlsspektrum zu bieten hat. Wäre das toll, wenn das wirklich klappen würde mit der Verlobung am Freitag! Das wäre mein allergrößter Wunsch, endlich

wieder einen Mann zu haben, der mit mir zusammen sein will. Doch wie um alles in der Welt soll ich das hinkriegen? Ich nehme gleich die ganze Klopapierrolle mit hinaus, stelle mich in den Vorraum an einen Stehtisch und grüble weiter. Die anderen Teilnehmer packen inspiriert und zufrieden ihre Sachen zusammen und verabschieden sich. Die Trainerinnen und die Assistenten machen ihre Nachbesprechung, und ich stehe ein wenig verloren da mit meiner Klopapierrolle. Ich will nicht nach Hause fahren, ich glaube, alleine in meiner Wohnung drehe ich heute Abend durch. Ich frage Daniela, eine der Teilnehmerinnen, ob sie Lust hat, bei mir zu übernachten und mir bei diesen Anrufen zu helfen. Daniela zieht ihre Jacke wieder aus, nimmt mich in den Arm und sagt sofort zu. Dann frage ich zwei der Assistenten, die gerade aus dem Seminarraum kommen, ob es noch irgendwo eine Flasche Prosecco gibt. Ich brauche jetzt Alkohol! Erst einmal runterkommen, beruhigen und dann wieder einen klaren Kopf bekommen. Ich bin jetzt fast entschlossen, den ersten Anruf zu machen und möchte mir noch ein wenig Mut antrinken. Allerdings bin ich immer noch nicht sicher, welche Nummer ich als erste wählen soll. Und auch der Gesprächseinstieg, der erste Satz, fehlt mir noch. Mir, die Vorträge vor Hunderten von Leuten hält. Mir, die noch nie Probleme mit dem Reden hatte. Ich weiß einfach nicht, was ich sagen soll.

„Hallo hier ist Susanne. Du, ich hab da mal 'ne Frage …"

Nein, das geht nicht, das kann ich nicht bringen, das klingt zu unterwürfig. Vielleicht besser direkt sagen, was ich will?
„Sag mal, hast Du Lust, Dich kommenden Freitag mit mir zu verloben? Es gibt da eine tolle Party am Starnberger See, das wäre eine gute Gelegenheit."
Oder noch direkter: „Ich will mich nächsten Freitag mit Dir verloben. Hast Du Lust?" Nein!!! Mist …

Prosecco wird mir helfen, da bin ich sicher.
Gott sei Dank kommt gerade Frank-Thomas mit einer Flasche und zwei Gläsern aus der Küche. Das erste Glas kippe ich auf ex hinunter. Jetzt geht es mir ein wenig besser. Doch wen ich zuerst anrufen soll, weiß ich immer noch nicht. Vielleicht sollte ich würfeln? Haben wir einen Würfel hier?
Frank-Thomas grinst mich an. Er schenkt sich selbst auch ein Glas ein. Dann wechselt sein Gesichtsausdruck. Er wird irgendwie ernster. Ich kann nicht definieren, was es ist, aber es wirkt sehr entschlossen.

Er geht einen Schritt auf mich zu, legt mir den Arm um die Schulter, sieht mir in die Augen und sagt: „Wie wär's mit uns beiden am Freitag?"

„Wie bitte?" „Wie wär's, wenn wir beide uns am Freitag auf der Party verloben, Susanne?", fragt er mich.
„Äh, wie jetzt, meinst Du das ernst?", stottere ich.
„Ja, meine ich", sagt er.
„Echt? Meinst Du das wirklich ernst?", frage ich noch einmal nach.
„Ja, ich will mich mit Dir verloben, ich will mit Dir zusammen leben, mit Dir zusammen ein Unternehmen aufbauen und ich will Kinder mit Dir haben", lacht er.

In diesem Moment werden meine Knie weich. Das habe ich bisher nur in Filmen gesehen, und jetzt weiß ich, wie es sich anfühlt. Totaler Kontrollverlust, denke ich noch, während ich mit meinem Glas in der Hand langsam die Wand herunterrutsche und Frank-Thomas dabei ungläubig anschaue. ER hat MICH gefragt. Damit habe ich überhaupt nicht gerechnet. Ich muss niemanden anrufen. Es ist ganz einfach. Er will mich. Und er konnte ja noch nicht einmal wissen, ob er überhaupt auf meiner Liste stand. Egal. Wie wär's, wenn ich einfach denjenigen nehme, der mich will? Easy. Wofür habe ich dieses ganze Theater veranstaltet? Ich musste nur die Entscheidung treffen, den Rest hat das Universum für mich organisiert. Ich fange an zu lachen, und innerhalb kürzester Zeit kann ich mich gar nicht mehr einkriegen. Ich sitze unter dem Stehtisch, ein leeres Prosecco-Glas in der Hand, die Rolle Klopapier auf dem Tisch, und ich lache mich kaputt. Wieder laufen mir Tränen über die Wangen, diesmal vor Lachen. Das Herz kennt keine Worte, nur Lachen oder Weinen. Dieser Moment ist Magie. Unglaublich. Jetzt weiß ich, welche Kraft es hat, wenn man wirklich eine Entscheidung trifft …

Frank-Thomas hilft mir wieder auf die Füße, und beim Aufstehen frage ich noch dreimal nach, ob er das auch wirklich ganz sicher und ehrlich ernst meint. Schmunzelnd versichert er mir, ja er meint das wirklich ganz ehrlich ernst. Ich kann es kaum glauben. Wir kennen uns seit dreieinhalb Jahren …
„Ja, okay", sage ich, „wenn Du das wirklich willst, dann will ich das auch. Ich sage Ja. Wir beide werden also am Freitag unsere Verlobung feiern." Damit ist es klar. Wir sind überhaupt nicht ineinander verliebt, aber wir haben uns entschieden. Wir verloben uns. Die anderen vier Männer auf der Liste rufe ich gar nicht mehr an.

KAPITEL 8

DER MOMENT, IN DEM SICH ALLES ÄNDERT

„Frank-Thomas ist ein absoluter Familienmensch, Beziehung ist ihm so wichtig, dass er lieber gar keine hat als eine halbherzige."
Sonja Becker, Mai 2009

★ **Frank-Thomas:** Ich glaube, wenn ich Zeit gehabt hätte, darüber nachzudenken, hätte ich es nicht getan. Als Irene, die Co-Trainerin, mich nach dem Seminar beim Aufräumen ganz beiläufig fragt „Wie wär's, wenn DU Susanne fragst?", höre ich mich selbst antworten: „Ja, okay, das ist eine gute Idee." Viel mehr ist da gar nicht. Gut, ich muss einmal kräftig schlucken. Aber ich spüre in diesem Moment Entschlossenheit: Ja, stimmt, ICH kann sie fragen. Manchmal haben wir Männer ja wirklich ein Brett vor dem Kopf. Ich hatte das mit Susannes Männerliste mitbekommen, weil ich zu diesem Zeitpunkt hinten im Raum zu tun hatte. Also, ich habe mich schon kurz gefragt, ob ich wohl auf dieser Liste stehe. Und an welcher Stelle. Aber ich habe mir keine weiteren Gedanken darüber gemacht. Doch als Irene mir diese Frage stellt, wird mir auf einmal etwas klar: Jetzt ist der richtige Moment. Ich werde diese Chance nutzen! Ich will nicht länger warten und ich habe überhaupt nichts zu verlieren. Mein altes Leben habe ich sowieso hinter mir gelassen. Susanne will ein Kind. Ich will ein Kind. Wir wollen beide Business. Und uns wurde schon 2008 in Kapstadt gesagt, dass wir gut zusammenpassen. Also los. Nicht zu viel nachdenken, einfach TUN. Jemand fragt, ob wir noch irgendwo Prosecco für Susanne herzaubern können. Susanne ist ziemlich durch den Wind.

Ich hole die Flasche Prosecco aus dem Kühlschrank, gehe zu ihr und stelle ihr eine einfache Frage: „Wie wär's mit uns beiden?"

Für mich ein großer Schritt, zugegeben. Dafür will ich mich rückwirkend selbst einmal anerkennen. Das ist mutig. Denn ich weiß ja nicht, was sie antworten wird. Dass ich Susanne damit so aus der Fassung bringe, hätte ich gar nicht gedacht. Sie wirkte auf mich bisher immer so cool und abgeklärt. Aber dass sie jetzt so durcheinander ist, macht sie sympathisch. Ich denke, das wird gut mit ihr. Obwohl ich keine Ahnung habe, worauf ich mich da einlasse. Ich packe meine Sachen zusammen, ich werde heute gleich bei ihr einziehen. Nach Düsseldorf fahre ich erst einmal nicht mehr. Was soll ich dort auch alleine? Meine Frau ist hier.

Wie und wann fängt „Beziehung" eigentlich an?
♥★ *Susanne und Frank-Thomas:* Wenn aus zwei Menschen ein Paar wird, ist das immer etwas Besonderes. Jedes Paar kann eine Geschichte über den Moment erzählen, in dem klar ist: Wir sind jetzt zusammen! Dieser Moment hat etwas Magisches. Verliebtes Händchenhalten, sich gegenseitig tief in die Augen schauen, ein prickelndes Gefühl im Bauch wie von Schmetterlingen. Oft wird dieser Moment mit einem Kuss besiegelt. Oder mit gefühlvollem Sex. Stundenlang miteinander reden bei Kerzenschein. Beide haben das Gefühl, den anderen schon immer zu kennen. Wenn zwei Menschen gleichzeitig ineinander verliebt sind, ist das wie pure Magie. Ein Moment, von dem man sich wünscht, dass er nie zu Ende geht. Bei uns ist es ganz anders. Unser Moment ist geprägt von Entschlossenheit, von Klarheit, von Neugier. Und von Angst. Wir schauen dem anderen direkt und ohne jegliche Verklärtheit in die Augen und wissen: Das hier wird ein riesengroßes Abenteuer mit vielen Hindernissen! Wir sind entschlossen, dieses Beziehungsexperiment durchzuziehen – und wir spüren, dass uns das verbindet.

Zurück zu den verliebten Paaren: Eigentlich ist es unglaublich schade, dass diese Magie des Anfangs im Laufe der Zeit bei den meisten verloren geht, in Vergessenheit gerät, und die Beziehung früher oder später

„alltäglich" wird. Dass beide Menschen, die sich in einem magischen Augenblick so tief verbunden fühlten, diese Verbindung wieder komplett verlieren können.
Woran liegt es, dass „die Magie" verschwindet? Wie lassen sich magische Momente in der Beziehung wieder erzeugen? Und kann man sie auch erzeugen, wenn sie vorher gar nicht da waren?

Bildlich gesprochen, beginnen die meisten Beziehungen wie auf dem Gipfel eines Berges: mit der schönsten Aussicht – und beide Partner gehen dann gemeinsam Stück für Stück hinunter ins Tal. Oft finden sie nie wieder den Weg auf diesen allerersten Gipfel zurück und irgendwo im Tal trennen sich ihre Wege dann wieder. Nur wenige Beziehungen beginnen ganz unten im Tal, und die beiden Partner gehen gemeinsam Stück für Stück bis zum Gipfel hinauf – und genießen dann oben eine grandiose Aussicht.
Wir, Frank-Thomas und Susanne, haben den zweiten Weg gewählt. Wir sind ganz bewusst ein Paar geworden, obwohl uns unser Gefühl etwas anderes sagte. Obwohl wir beide dachten, dass es eher nicht passt. Was passiert, wenn man sich das traut? Wenn man sich unten im Tal zusammen auf den Weg macht, um gemeinsam einen Gipfel zu erklimmen, den man zu Beginn noch nicht einmal sehen kann, weil er hinter dickem Nebel versteckt liegt?

KAPITEL 9

TAG 1

Er: „Hattest du eben eigentlich einen Orgasmus?"
Sie: „Ja klar, sonst hätte ich ja nicht aufgehört."
Susanne & Frank-Thomas in der Nacht 1

♥ **Susanne:** Wie verbringt man den ersten Tag nach so einer Entscheidung? Man wacht morgens auf, zunächst wie immer, es ist relativ hell im Schlafzimmer, weil der Vorhang nicht wirklich viel Licht schluckt, und man stellt fest, ach ja, ich bin nicht allein, da ist ja noch jemand. Er ist gestern bei mir eingezogen. Jemand, dem ich gestern Abend versprochen habe, dass ich mich in vier Tagen mit ihm verloben werde. Jemand, in den ich nicht verliebt bin, und den ich, wenn ich ehrlich bin, nicht einmal besonders gut riechen kann. Ich glaube, er benutzt kein Deo, das tun ja manche Männer. Okay, das muss ich ihm sagen. Er hat ja auch länger allein gelebt, wahrscheinlich weiß er es gar nicht. Mich stört das. Verdammt, wie sagt man jemandem so etwas? Oh je, das fängt ja gut an. Aber was mir auch auffällt: Frank-Thomas hat gar nicht geschnarcht. Sein Schnarchen war ja immer einer der wichtigsten Gründe auf meiner inneren Liste, warum ich auf gar keinen Fall mit ihm zusammen sein wollte ... Wenn ich da an die Nacht damals in Kapstadt auf dem Dach der Lodge denke ... Heute war es ruhig neben mir. Das finde ich interessant, das muss ich weiter beobachten ...

Ich bin mit ihm zusammen und er schnarcht nicht mehr?

Frank-Thomas hat in der Zwischenzeit allerdings zwölf Kilo abgenommen ... vielleicht hat es auch damit zu tun? Ich atme tief ein und aus. Na ja, ein wenig mag ich ihn ja schon. Und es hat mich wahnsinnig

beeindruckt, dass er mir gestern den Antrag gemacht hat. Das war ja im Grunde genommen ein Heiratsantrag – aus dem Nichts heraus. Das muss ihn unglaublich viel Mut gekostet haben und das berührt mich. Ich denke noch einmal an den gestrigen Abend zurück. Es war wirklich unglaublich. In den letzten Jahren habe ich mir nichts mehr gewünscht, als dass es endlich einen Mann gibt, der MICH will. Bei dem ich endlich einmal lockerlassen kann und nicht mehr das Gefühl habe, mich verbiegen, um alles kümmern und selbst in die Hand nehmen zu müssen.
Ich bin überglücklich und erleichtert, dass Frank-Thomas derjenige ist, mit dem ich mich verloben werde. Ich glaube, er ist von allen fünf Männern, die auf meiner Liste standen, der unkomplizierteste. Und letztlich derjenige, der am besten passt. Und auch derjenige, in den ich in all den Jahren am wenigsten verliebt war. Es sollte wohl so sein, genau so.

Das Suchen hat jetzt endlich ein Ende. Das mit uns wird gut. Mit ihm werde ich es hinkriegen.

Sex hatten wir gestern auch noch. Wir haben uns vorgenommen, bis zur Verlobung jeden Tag Sex zu haben. Das wird uns auf jeden Fall näherbringen. Wir verhüten nicht. Falls ich direkt schwanger werden sollte, soll mir das nur recht sein. Ich habe ohnehin total lockergelassen, jetzt kommt es darauf nun wirklich auch nicht mehr an.

Wir beide müssen schon ziemlich verrückt sein ... Und genau das verbindet uns! Dass wir beide noch nicht so überzeugt vom jeweils anderen sind und wir uns trotzdem füreinander entschieden haben, das immerhin haben wir jetzt gemeinsam. Wir sind beide wild entschlossen, unser Vorhaben durchzuziehen! Komme, was wolle – wir machen keinen Rückzieher mehr.
Es sind noch einige Dinge zu erledigen. Ringe kaufen beispielsweise. Darum will Frank-Thomas sich kümmern. Wir haben gestern Abend auch

noch beschlossen, dass wir unsere Eltern zur Party am Freitag einladen. Wir werden ihnen nicht sagen, was wir vorhaben, denn wir haben entschieden, dass das die große Überraschung des Abends für alle sein soll. Das wird noch eine Herausforderung! Frank-Thomas' Familie lebt an der polnischen Grenze, meine Eltern wohnen in Nordrhein-Westfalen. Wie um alles in der Welt sollen wir ihnen erklären, warum sie bis zum Starnberger See zu einer Summer Connection Party fahren sollen? Na ja, aber uns beiden ist wichtig, dass sie dabei sind, also werden wir das auch irgendwie hinkriegen. Meine Eltern sind verrückte Aktionen von mir sowieso schon gewohnt.

Im Laufe dieser organisatorischen Überlegungen steigt ein komischer Gedanke in mir auf. Ich fühle mich zeitweise, als würde ich nicht meine Verlobung, sondern eine Beerdigung vorbereiten. Ich erschrecke selbst über diesen Gedanken. Aber irgendwie ist es so: Man erledigt einfach eins nach dem anderen, ohne viel nachzudenken und ohne große Gefühle. Man funktioniert: Eltern anrufen, Verwandte und Freunde zur Feier einladen, Klamotten in die Reinigung bringen, das Fest vorbereiten. Eins nach dem anderen. Mit den heftigen Emotionen, die in einem hochkommen wollen, befasst man sich später. Was passiert ist, kam zu überraschend, man ist noch völlig durcheinander. Abgefahren. Vielleicht ist durch diese verrückte Aktion tatsächlich etwas in mir, in uns beiden, gestorben? Nämlich unsere Idee vom perfekten Partner, die wir heimlich die ganze Zeit mit uns herumgetragen haben, die Vorstellung, das innere Bild, das uns über Jahre hinweg davon abgehalten hat, den Partner zu bekommen, der wirklich passt. Jetzt verstehe ich, was der Spruch bedeutet: Damit etwas Neues ins Leben kommen kann, muss erst etwas Altes sterben. Also gut, dann feiern wir doch am Freitag den Abschied von der alten ewig suchenden Susanne und dem alten ewig schüchternen Frank-Thomas gleich mit! Mögen sie in Frieden ruhen. Das sage ich aber lieber niemandem, das ist mir dann doch zu krass.

Ich habe noch viele Termine in dieser Woche, und auch für Freitag ist noch einiges zu organisieren. Es werden viele Unternehmer und Geschäftsleute erwartet, und ich möchte noch einige Freunde und Bekannte einladen. Es gibt ein kleines Programm mit Gesang, Tanz und Sketchen, und ich möchte mir noch ein paar witzige Geschichten und Anekdoten für die Moderation überlegen. Wir wollen Thementische gestalten, an denen die Gäste mit den passenden Nachbarn platziert werden. Da das Motto der Party „Beziehungen" sein wird, kommen auch viele Singles. Vielleicht finden sich ja welche, die neugierig aufeinander werden. Passt natürlich perfekt, dass wir unsere spontane Verlobung dann bekannt geben!

Auszug aus meinem Tagebuch:
Ich bin völlig durch den Wind. Ich darf nicht nachdenken, sonst drehe ich durch. Fünf Männer, keiner von denen wollte mich, ich habe ewig viel Zeit mit denen allen verloren, und dann treffe ich die Entscheidung, mich innerhalb von fünf Tagen zu verloben, und auf einmal ist alles ganz einfach. In dem Moment kommt der Richtige von ganz allein. Scheiße! Wie kann man einen so großen blinden Fleck haben? Entscheiden und dann loslassen. So geht das also. Out of control. Ich habe völlig die Kontrolle aufgegeben, und dann konnte es passieren. Für mich ist das gerade so, als wäre jemand gestorben. In vier Tagen ist die Beerdigung. Ich spüre Angst, Verlust, Schock. Und dahinter: Neugier und Frieden. Endlich! Offensichtlich ist jemand gestorben, der mich jahrelang tyrannisiert hat. Der darf jetzt gehen. Was ich glasklar sehe: Ich kann in meinem Leben noch viele Männer haben, Partner, Liebhaber, Freunde, alles Mögliche. Das geht in 20 Jahren noch. Doch ich kann nicht mehr ewig Kinder haben. Frank-Thomas ist „ready to go", was das betrifft. Jetzt. Deshalb sage ich jetzt „Ja" zu ihm. Er kennt mich, er mag mich. Ich mag ihn. Wir beide entscheiden uns für Beziehung, Business und Familie. Volle Pulle. Perfekt.

★ ***Frank-Thomas:*** Ich bin an diesem besagten ersten Morgen ziemlich früh aufgewacht, habe mich umgedreht, eine schlafende Susanne angeschaut und mir gedacht: Okay, das ist jetzt also die Partnerin, mit der ich mich in vier Tagen öffentlich verloben werde. Das alles ist echt ziemlich verrückt. So viele Jahre lang habe ich mich vor dem Thema Beziehung gedrückt, und dann liege ich auf einmal neben Susanne, von der ich eigentlich die ganze Zeit dachte, die ist es nicht, und jetzt will ich mich mit ihr verloben. Aber ich ziehe das durch! Wenn nicht jetzt, wann dann? Wird schon werden. Vielleicht ist es gut, dass ich nicht so viele Beziehungsaltlasten habe. Es ist jedenfalls ein schönes Gefühl, morgens neben einer Frau aufzuwachen und zu wissen, mit der verlobe ich mich, die will mich auch. Und auch wenn ich nicht verliebt bin, ich mag Susanne. Ob ich eine Beziehung mit ihr aushalten werde, weiß ich allerdings nicht. Ich kann mir das alles noch nicht vorstellen, wie das mit uns werden soll. Wahnsinn, am Freitagabend werde ich meine Verlobung bekannt geben. Vor lauter fremden Leuten. Keine Ahnung, was ich da eigentlich sagen soll.

Doch jetzt fokussiere ich mich erst einmal auf das, was heute ansteht. „Guten Morgen", begrüßen wir uns und stehen auf, um zu duschen und Frühstück zu machen. Heute ist einiges zu organisieren. Ich möchte gern noch Freunde und Bekannte zur Party einladen, natürlich ohne ihnen zu sagen, dass wir an jenem Abend Verlobung feiern. Ich will unbedingt meine Eltern dabei haben. Und am liebsten auch meinen Bruder und seine Frau. Es ist mir wichtig, dass sie alle bei meiner Verlobung dabei sind. Doch wie soll ich ihnen beibringen, dass sie in nur vier Tagen unbedingt für ein Wochenende nach München kommen sollen? Noch dazu, um an einer Party mit dem Motto „Beziehungen" teilzunehmen? Keine Ahnung, echt nicht! Für mich ist das wichtigste Projekt des heutigen Tages, sie alle anzurufen. Was ich aber zuallererst mache, ist, Susannes Bad gründlich zu putzen. Beim Bad bin ich sehr empfindlich, das muss topsauber sein, und dieses hier ist, na ja, nicht

mein Standard. Ich will mich ja hier wohlfühlen. Danach fahre ich in die Stadt, um Ringe zu kaufen. Das dauert nur fünf Minuten. Ein typischer Männerkauf. Gesucht, gefunden, gekauft. Ich gehe in einen Laden rein, frage, ob die Verlobungsringe haben, und dann nehme ich ein Paar mit. Susannes Größe sollte stimmen, sie hat mir einen Ring zum Vergleichen mitgegeben. Nachmittags rufe ich bei meinen Eltern an. Meine Mutter ist am Telefon und freut sich, dass ich endlich mal wieder von mir hören lasse. Ich rede nicht lange drum herum und komme gleich zum Punkt: „Am kommenden Freitag findet eine Party am Starnberger See statt, ich werde da sein und es gibt eine Überraschung, und ich will Euch dabei haben!" Fast schon wie erwartet sagt sie: „Frank-Thomas, das geht leider gar nicht. Ich habe keinen Urlaub mehr und muss an diesem Tag arbeiten. Da ist nichts zu machen. Tut mir leid. Was ist denn das für eine Party? Und was für eine Überraschung?"
Shit!
Dann rufe ich meinen Bruder an. Meine Schwägerin kann auch nicht. Muss natürlich auch arbeiten. Wieso ich denn jetzt so kurzfristig anrufen würde und was denn genau bei dieser Party los sei? Es gebe jede Menge Gründe, warum sie nicht dabei sein könnten. Angestellt, kein Urlaub ... Und wofür überhaupt der Aufstand? Doch sie versprechen mir, mit ihren Kollegen zu sprechen, ob es vielleicht möglich wäre, den Dienst zu tauschen. Neugier auf die Party und meine Überraschung ist auf jeden Fall vorhanden. Der nächste Punkt, den ich noch dringend klären muss: Ich habe nichts zum Anziehen. Zumindest nichts Schickes. Irgendjemand aus Nordrhein-Westfalen muss mir meinen Anzug aus Düsseldorf mitbringen. Ich war ja nur auf ein Wochenende in München eingestellt gewesen und nicht auf meine Verlobung wenige Tage später. Ich schalte eine Anzeige in der Mitfahrzentrale und finde tatsächlich innerhalb kürzester Zeit jemanden, der mir meinem Anzug am Freitag von Düsseldorf nach Starnberg fährt.

Unterschwellig bin ich den ganzen Tag ein wenig nervös. Ich kann mir wirklich nicht vorstellen, mich am Freitag zu verloben. Mit einer Frau, die bis gestern noch nicht einmal meine Freundin war! Das Ganze hat ja dann doch etwas Verbindliches, das ist mehr als nur zusammen ins Kino zu gehen. Jetzt wird's ernst!

Verdammt, wie wird das alles werden? Mir ist wichtig, dass meine Familie mit dabei ist. Aber wenn sie es hinkriegen und kommen, was sage ich ihnen? Die wissen gar nichts von Susanne. Vielleicht kommen sie von selbst auf die Idee, dass es um eine Frau geht, wenn ich so geheimnisvoll tue? Aber sie kennen ja nur Claudia. Also, was sage ich ihnen, wenn sie dann am Freitag kommen? Wie begrüße ich sie? Ich bin echt gespannt auf das Gesicht meiner Eltern und vor allem auf das meines Bruders, wenn ich meine Verlobung mit Susanne bekannt gebe … Ich kann mir noch überhaupt nicht vorstellen, wie der Freitagabend ablaufen wird, ob und wann und wie ich offiziell um Susannes Hand anhalten soll oder ob das jemand moderiert.

Hinter all dem, das mich gerade organisatorisch oder auch gedanklich so beschäftigt, bin ich trotzdem neugierig auf den neuen Lebensabschnitt, der mich erwartet. Irgendwie freue ich mich. Beziehung, Selbstständigkeit, Familie – das ist alles Neuland für mich. Mit einer Frau zusammen zu sein, in die ich nicht verliebt bin. Aber ich war ja eh noch nie so richtig verliebt. Vielleicht kommt das jetzt? Wie das wohl ist? Ich muss schon ziemlich verrückt sein.

Was wirklich gut ist: Der Sex mit Susanne macht Spaß. Konnte ich letzte Nacht wieder feststellen. Beim Sex passt das zwischen uns, das habe ich damals schon gemerkt. Das finde ich beruhigend. Wobei das ganze Thema für mich ja auch noch ziemlich neu ist. Aber wir werden ab jetzt jeden Tag üben. Cool. Ach, wir werden das schon alles irgendwie hinkriegen.

KAPITEL 10

DIE WENDE – WIR SIND JETZT VERLOBT!

„Über der Veränderung liegt stets ein Hauch von Unbegreiflichkeit."
Carl Friedrich von Weizsäcker

★ **Frank-Thomas:** Die Tage bis zur Party heute sind wie im Flug vergangen. Das Zusammensein mit Susanne in den letzten Tagen hat funktioniert. Wir hatten regelmäßig Sex und freuen uns jetzt beide auf unsere Verlobung heute Abend. Die Party soll für alle etwas Besonderes werden. Nicht nur für uns, auch für unsere Familien und die Gäste. Sowohl meine Mutter als auch meine Schwägerin haben es hingekriegt, dass sie doch noch kurzfristig Urlaub nehmen konnten! Meine ganze Familie inklusive Nichte wird nun also die große Reise in den Süden antreten. Zu fünft zusammen in einem Auto, an einem Freitag, und das, ohne zu wissen, wofür überhaupt …
Susannes Eltern kommen auch, und sie alle sollen ein unvergessliches Fest und eine riesengroße Überraschung erleben, das haben Susanne und ich uns fest vorgenommen.
Wir haben ein Zimmer in dem Party-Hotel am See reserviert. Denn wenn wir uns schon in so großem Stil verloben, dann wollen wir nachts nicht mehr nach Hause fahren, darin sind wir uns einig.

Gegen Mittag fahren wir dann zum Hotel. Das Wetter ist wechselhaft, für Ende Juni eigentlich zu kalt, das heißt, wir werden uns wohl eher drinnen als draußen aufhalten. Susanne und ich helfen den anderen beim Aufbauen und Vorbereiten. Ich habe mich außerdem dazu bereit erklärt, während der Party zu filmen und mich um die Technik zu kümmern. Wenn die anderen wüssten, was wir heute Abend vorhaben …
Zwischendurch frage ich mich, wo meine Eltern gerade stecken mögen,

sicher irgendwo auf der Autobahn und hoffentlich nicht im Stau. Vermutlich fragen sie sich die ganze Zeit, wofür sie überhaupt die weite Strecke fahren.
Langsam werde ich nervös: In wenigen Stunden kommen 85 Leute in Abendgarderobe ins Hotel und freuen sich auf eine Summer Connection Party mit Programm, Essen und Tanz. Und wir werden ausgerechnet hier unsere Verlobung bekannt geben! Ich habe noch immer keine Ahnung, was ich eigentlich sagen soll. Zumal ich von den 85 Leuten höchstens zehn kenne – darunter meine Eltern und mein Bruder. Das wird für mich echt eine Herausforderung! Bei einer normalen Verlobung sind deine Freunde dabei, alle wissen, worum es geht, und du planst das Wochen vorher …

♥ **Susanne:** Ich bin aufgeregt und finde das sooo spannend. Ich freue mich sehr auf den Abend. Es werden viele Bekannte von mir kommen, meine Eltern natürlich auch, und ich habe richtig Lust zu feiern! Partys sind mein Element. Schon als Jugendliche habe ich gern Feten gefeiert und organisiert, die waren immer etwas Besonderes. Da fällt mir etwas ein:

Ach stimmt, eine Hochzeit hatte ich ja schon einmal!

Das war auch toll damals, direkt am Rhein mit Blick auf den Kölner Dom. Jetzt feiere ich wieder Verlobung. Ob daraus irgendwann ebenfalls eine Hochzeit wird, weiß ich nicht, das ist mir aber momentan auch egal. Eins nach dem anderen. Ich bin natürlich sehr gespannt auf die Reaktionen meiner Gäste und meiner Eltern auf meine Verlobung. Ich habe nichts verraten. Dass Frank-Thomas seit fünf Tagen bei mir wohnt, konnte ich bisher auch gut geheim halten.
Zwei von den fünf Männern meiner Liste werden auch kommen. Herbert und der Österreicher. Wenn die wüssten, wie knapp sie meinem Anruf entgangen sind …

★ **Frank-Thomas:** Auf die beiden anderen Kandidaten von Susannes Liste bin ich ja mal gespannt. Wie die so drauf sind? Ich stelle mir zwischendurch ihre Gesichter vor, wenn Susanne und ich später unsere Verlobung bekannt geben – und kann mir ein Grinsen nicht verkneifen. Ich bin schon ein wenig stolz, dass ich derjenige bin, für den Susanne sich entschieden hat! Am späten Nachmittag fährt der Typ von der Mitfahrzentrale mit meinem Anzug und Schlips vor, und ich bin erleichtert, dass das funktioniert hat. Um 19.00 Uhr kommen die ersten Gäste und wir trinken einen Prosecco zur Begrüßung. Meine Eltern treffen eine halbe Stunde später auch ein. Ich sehe die riesengroßen Fragezeichen in ihren Gesichtern, als sie hereinkommen. Was gibt es so Dringendes, dass wir unbedingt heute hierher fahren sollten? Mein Vater besorgt sich erst einmal ein Bier.

♥ **Susanne:** Meine Eltern kommen kurz danach, ich freue mich sehr darüber. Ich entführe meine Mutter auf die Terrasse und zeige ihr die wunderschöne Aussicht, verrate aber nichts. Immer mehr Gäste trudeln ein, und ich fühle mich ganz in meinem Element. Wie wir das mit der Verlobung nachher genau machen, weiß ich auch noch nicht. Ich denke, das machen wir spontan. Herbert und mein österreichischer Freund kommen zufällig zur selben Zeit an. Ich begrüße sie herzlich und denke in dem Moment: „Wenn ihr wüsstet …". Ich schaue mir beide genau an und dann Frank-Thomas – und ich weiß, das war die richtige Entscheidung. Die beiden anderen werden für mich Freunde bleiben, so oder so. Doch Frank-Thomas ist jetzt mein neuer Mann. Ich bin stolz auf ihn. Wir trinken mit ein paar Freunden einen Aperol Spritz, etwas später wird das Büfett eröffnet, und dann startet das Abendprogramm. Sonja begrüßt die Gäste, und ich moderiere den ersten Programmteil. Ich liebe es, mitten im Raum zu stehen und genieße die Aufmerksamkeit. Die Gäste unterhalten sich prächtig, alle haben Spaß. Unsere Eltern, die wir an verschiedenen Tischen platziert haben, finden Kontakt zu ihren

Tischnachbarn und sind dadurch erst einmal beschäftigt. Gut. Gegen 23:00 Uhr kündigen Sonja und Irene schließlich den besonderen Programmpunkt an – die Überraschung des Abends.

„Einige Gäste sind ja von weit her gekommen – und wissen noch nicht mal, wofür genau. Die Familien von Frank-Thomas und Susanne!", beginnt Sonja die Ansprache. Jetzt wird's ernst!
Frank-Thomas und ich gehen auf die Bühne. Sonja hatte sowohl Frank-Thomas' Vater als auch meinen Vater im Laufe des Abends zwischendurch zur Seite genommen, begrüßt und gefragt, ob sie denn schon etwas ahnten und für den Fall der Fälle Herztropfen dabei hätten? „Ich habe die Männer angesprochen, nicht die Frauen. Frauen sind ja eher cool beim Thema Beziehung", sagt sie schmunzelnd und drückt mir das Mikrofon in die Hand. Ich bin für einen Moment sprachlos. Aber ich rücke mich schnell gerade und fange an, unsere Geschichte zu erzählen.
„Wer mich kennt, weiß, Susanne hat ja immer so ein Thema mit Männern …"
Der ganze Raum lacht. In dem Moment registriere ich, dass sowohl Herbert als auch mein Freund aus Österreich gerade gar nicht im Raum sind, sondern draußen auf der Terrasse. Na ja, wahrscheinlich ist es besser so, dann kann ich unbefangener reden. Ich erzähle weiter, dass Frank-Thomas und ich uns schon seit 2008 kennen. Dass ich seit sechs Jahren einen neuen Partner suche und viele Männer kenne, von denen aber bisher keiner der Richtige war. Dann erzähle ich von dem Coaching-Seminar bei Sonja letztes Wochenende und dass ich dort beschlossen habe, mich im Rahmen dieser Party heute zu verloben. Obwohl ich zu jenem Zeitpunkt gar keinen Partner hatte. Ich erzähle von der Liste mit den fünf Männern, und Irene, die neben mir steht, ergänzt: „In diesem Moment sah ich, wie es bei jemandem hinten im Raum kräftig arbeitete. Der fragt sich offensichtlich, ob er wohl auch auf dieser Liste stand?"

Frank-Thomas klinkt sich ein und ruft: „Genau." Alle im Raum lachen. Ich spreche weiter: „Mir hat der Kopf geraucht. Entscheide Dich innerhalb von fünf Tagen für einen Mann, und verlobe Dich mit ihm. Das ist eine echte Herausforderung." Bei meiner Mutter dämmert es wohl langsam, sie ruft laut in den Raum hinein: „Waas? Wie, jetzt?" Wieder lautes Lachen im Raum. Irene spricht weiter: „Die Kurzversion ist: Susanne stand im Vorraum, war völlig aufgelöst, weinte und hielt eine Klopapierrolle in der Hand, und dann kam der Mann, der vorher hinten im Raum war ..."

Jetzt schnappt sich Frank-Thomas das Mikro: „Und ich habe Susanne gefragt: 'Wie wär's mit uns beiden am Freitag? Wie wäre es, wenn wir das machen mit der Verlobung?'"

Tosender Applaus.

Irene: „Ich habe zu Susanne gesagt: 'Cool, endlich mal einer, der sich was traut!'" Ich muss lachen. Mir fallen nur noch die Worte aus dem Mund: „Ist das nicht fantastisch? Ist das nicht ein cooler Mann? Wer von Euch hier im Raum hat so einen tollen Antrag bekommen? ‚Wie wär's mit uns beiden am Freitag?' Das ist doch genial, oder? Wir beide kennen uns seit 2008, aber wir waren kein Paar, wir haben beide alles Mögliche an Beziehungen und Einsamkeit ausprobiert, na ja, und jetzt haben wir entschieden, dass wir uns heute Abend hier verloben wollen!"

Frank-Thomas: „Genau!"

Jetzt ist es gesagt. Vor 85 Zeugen. Wieder tosender Applaus – und unser DJ spielt *Pocketful of Sunshine* aus dem Film „Die Nackte Wahrheit". Es ist wie in einem Kinofilm. Ein ganzer Raum voller Leute in Abendkleidern, alle springen von ihren Stühlen auf, um uns zu gratulieren, fünf Kellner kommen mit Tabletts voller Sektgläsern und irgendjemand ruft laut:

„Ihr dürft Euch jetzt küssen!"

★ ***Frank-Thomas:*** Wow! Ich bin verlobt. Die Überraschung hat definitiv funktioniert, wenn ich meine Eltern, meinen Bruder und meine Schwägerin so anschaue. Mein Vater klopft mir anerkennend auf die Schultern und gratuliert mir. Meine Mutter ist gerührt und stolz. Mit 42 Jahren ist ihr Großer endlich auch unter der Haube.
Später gehen wir runter in die Bar, dort wird noch getanzt. Ich glaube, ich habe selten eine so geniale Party erlebt. Leute, von denen man es nie vermutet hätte, tanzen bis zum Umfallen auf Rock, Pop und House. Susanne legt zwischendurch ein paar ihrer Lieblings-Techno-Songs auf. Alle haben Spaß, es ist harmonisch, inspirierend, einfach nur genial.

Dass ausgerechnet ich so eine coole Verlobungsparty feiern würde, hätte ich nie gedacht. Ich, der ich 40 Jahre lang noch nicht einmal eine Freundin hatte.

Zu späterer Stunde, es muss inzwischen 4:00 Uhr sein, brauche ich frische Luft. Mit einem befreundeten Pärchen setze ich mich nach draußen an den Steg. Bei deren Hochzeit vor knapp einem Jahr in Kapstadt war ich Trauzeuge. Draußen ist es sehr kalt, definitiv keine laue Sommernacht, aber es tut gut, frische Luft zu atmen, mit den beiden zu reden und mit Blick auf den See die aufgehende Sonne zu betrachten. Jetzt bin ich verlobt. 85 Leute haben es gehört. So richtig glauben kann ich das noch nicht. Was für ein schönes Gefühl.
Unser Hotelzimmer brauchen Susanne und ich nicht wirklich. Nur für zwei Stunden – zum Schlafen. Für Sex habe ich zu viel Alkohol im Blut. Um 8:00 Uhr stehen wir schon wieder auf, um aufzuräumen und einzupacken. Um 10:00 Uhr treffen wir uns mit unseren Eltern zum Frühstücken. Die Überraschung ist geglückt! Alle sind happy über ihre neuen Schwiegerkinder.
Mein Leben wird ab jetzt in eine völlig neue Richtung gehen: 180-Grad-Wende. Mit Vollgas. Ich war über 40 Jahre lang allein, jetzt wohne ich

plötzlich mit einer Frau zusammen und verlobe mich quasi über Nacht. Und wir wollen sofort volle Pulle loslegen mit Kindern. Das muss man auch erst einmal bringen. Manchmal staune ich über mich selbst.

♥ **Susanne:** Ich gebe mich die ganze Nacht bis zum Morgen der Musik hin, tanze gefühlte fünf Stunden ohne Pause und bin unglaublich stolz darauf, dass niemand nach Hause gehen will und Sonja beim Hotel mehrmals anfragt, ob wir die Party noch eine Stunde verlängern können. Geplant war bis 2:00 Uhr, die letzten fallen morgens um 5:30 Uhr von der Tanzfläche. Ich denke mir, wenn unsere Beziehung mit einer so tollen Party anfängt, dann wird sie gut. Zwischendurch wundere ich mich ein wenig, dass Frank-Thomas nicht mehr da ist, einen kurzen Moment lang frage ich mich sogar, ob er abgehauen sein könnte, bis mir jemand sagt, er sitzt mit ein paar Leuten am Steg. Ach so. Ich tanze weiter – und bin glücklich. Wie ein Gedankenblitz fällt mir auf einmal wieder diese Sexparty im März ein, auf der ich so frustriert war und beschlossen hatte, in diesem Jahr wieder zu heiraten. Mir läuft ein Schauer über den Rücken. Das hatte ich völlig vergessen. Es ist erst drei Monate her, und heute habe ich mich verlobt. Ob ich Frank-Thomas noch heirate, weiß ich nicht, es ist aber auch nicht relevant. Wir sind ein Paar, ein richtiges. Das ist es, was zählt. Mein Entschluss hat Früchte getragen. Faszinierend ...

KAPITEL 11

ANFANGSSCHWIERIGKEITEN

„Haben wir eine Beziehung, weil wir einen Menschen lieben, oder können wir einen Menschen lieben lernen, weil wir entschieden haben, mit ihm eine Beziehung zu führen?" Susanne, Juli 2011

♥★ **Susanne und Frank-Thomas:** Wir haben uns entschieden. Jetzt sind wir verlobt. Wir wollen eine Familie gründen und gemeinsam selbstständig sein. Ein toller Plan, wie ihn ähnlich wahrscheinlich auch andere Menschen im Hinterkopf haben. Das bedeutet jedoch in der Praxis: Eine neue Wohnung suchen, schwanger werden, gemeinsam eine Firma gründen. Da ist einiges zu tun. Und das mit einem Menschen, der einem noch nicht besonders vertraut ist. Über den das Bauchgefühl immer gesagt hat: „Nein, der ist es nicht ...". In dieser ersten Zeit kommen daher bei uns beiden immer wieder Momente des Zweifelns vor.

★ **Frank-Thomas:** Zwei Tage nach unserer Verlobung beginnt so etwas Ähnliches wie Alltag. Wir sind in Susannes Wohnung und überlegen, was wir jetzt eigentlich miteinander anfangen wollen. Wir haben etwas getan, das die meisten Leute in unseren Breitengraden sich noch nicht einmal theoretisch vorstellen können. Wie geht man miteinander um, wenn man verlobt ist und zusammen wohnt, obwohl man nicht ineinander verliebt ist? Okay, für mich ist in diesem Jahr so vieles ganz anders gekommen, als ich es bisher kannte, dass ich denke: Was auch immer noch kommen mag, es ist mir egal. Vielleicht gibt es sie, diese Momente im Leben, in denen man einmal alles über Bord werfen muss, damit etwas ganz Neues entstehen kann. So wie bei mir: vor einer Woche habe ich alles hinter mir gelassen und bin direkt bei Susanne eingezogen- mit einer Tasche voller Klamotten, zwei Paar Schuhen, einer

Zahnbürste und ein paar Unterlagen. Ich bin jetzt verlobt, habe eine Frau an meiner Seite und lebe bei ihr. 100 Quadratmeter auf zwei Etagen, ein businessmäßig wirkendes Appartement in einer Wohnanlage, die von außen betrachtet auch ein Altenheim sein könnte. Daran muss ich mich erst einmal gewöhnen. Ich habe noch nie eine so „männliche" Frauenwohnung gesehen. Irgendwie total nüchtern, praktisch – und mit Studentenmöbeln. Und der größte Raum ist nicht etwa das Wohnzimmer, sondern ein Büro mit Bücherregalen bis unter die Decke. Der Herd wird eigentlich nur für das Aufwärmen von Tiefkühlkost genutzt, und das bei einer Oecotrophologin!

Meine eigene Wohnung in Düsseldorf habe ich von zwei Frauen einrichten lassen. Ich habe richtig viel Geld ausgegeben, damit die Wohnung ein schönes Design, Farben, Vorhänge, Accessoires und so weiter bekommt. Ich hatte sie während meiner Zeit in Kapstadt schon einmal untervermietet, das werde ich jetzt auch machen. Ein wenig behalte ich sie lieber noch. Man weiß ja nie. Zu Susannes Wohnung kann ich nur sagen: Hier kann man keine Familie gründen. Ein Heim ist das nicht. Eher ein sehr großes Büro mit angrenzendem Wohnraum und Küchenzeile. Ein winziges, lose geputztes Bad gibt es auch. Die Aussage der Räume lautet: „Hier wird viel und hart gearbeitet."

Mir kommt es in den ersten Tagen manchmal so vor, als sei Susanne nur auf der Durchreise ... Dass das Bad nie vernünftig sauber ist, regt mich auf. In dem winzig kleinen Gärtchen verrottet eine struppige Hecke, und die Ecke, die wohl mal ein Blumenbeet sein sollte, ist voller Unkraut ... Haus- und Gartenarbeit ist offenbar nicht Susannes Ding. Die Fensterfront in dem riesengroßen, vollgestopften Büro im Souterrain gibt den Blick auf den verwahrlosten Garten frei. Hier wirst du garantiert nicht visuell vom Malochen abgelenkt, denke ich mir! Mein kleiner Schreibtisch in der Ecke vollendet dieses trostlose Bild ... Es fühlt sich nicht so an, als ob ich dazu gehöre. Ich bin mir sowieso nicht sicher, wie das mit meiner Selbstständigkeit funktionieren soll, und diese Umgebung macht mir ehrlich gesagt wenig Mut. Die Regale sind vollgepackt mit Aktenordnern, Büchern und altem Zeug, das Susanne garantiert nicht mehr braucht. Noch wehrt sie sich allerdings vehement, etwas wegzuwerfen – na ja, das kriege ich schon noch hin! Ich bin ja erfahren, ein alter Hase, nachdem ich schon mehrmals in meinem Leben alles losgelassen habe.

Melden sich hier etwa die ersten Erwartungen? Ja!

Ich erwartete von meiner Partnerin zumindest ein wenig Zugang zum Thema Aufräumen und Wegwerfen. Hey, immerhin habe ich für sie meine neue, helle und wunderschöne Single-Wohnung in Düsseldorf verlassen!!! Da liegt nichts irgendwo herum, das nicht auch dorthin gehört. Das wird offensichtlich noch eine Menge Arbeit hier in München ...
Und schon melden sich die ersten Zweifel. So schnell geht das. Ich frage mich immer wieder: Ist das alles wahr? Ist das jetzt die Traumfrau, die ich mir immer gewünscht habe? Eine Frau, die irgendwie nur am Arbeiten und kaum richtig da ist? Für mich ist das alles so neu, dass ich es noch nicht recht glauben kann. Wie soll das mit uns funktionieren? Das Einzige, was ich weiß, ist, der Sex klappt, immerhin. Gemeinsames Business und erst recht ein Baby kann ich mir im Moment aber noch gar nicht vorstellen! Vor allem nicht in dieser Wohnung! Ich habe ja noch nie mit einer Frau zusammengewohnt. Keine Ahnung, ob das immer so ist, dass einen manche Dinge am anderen so stören?
Ein paar Beispiele: Susanne hat eine Spülmaschine und die benutzt sie auch. Nur: Wenn man nach dem Essen den Tisch abräumt, kann man die Sachen doch direkt in die Spülmaschine räumen, oder? Wieso nur stellt sie alles zuerst auf der winzigen Ablage und in der Spüle ab, wo es sich dann stapelt? Was ich auch nicht verstehe: Marmeladengläser werden bei Susanne nach der Benutzung nie richtig zugeschraubt. Stattdessen

legt sie den Deckel einfach nur auf dem Glas ab. Hä? Ich wiederum habe die Angewohnheit, Gläser am Deckel hochzuheben, was regelmäßig dazu führt, dass die Marmelade auf dem Boden landet. Das sind Eigenheiten, die mich irritieren und die ich nicht verstehe. Aber ich bin trotz allem fest entschlossen, unseren Plan gemeinsam durchzuziehen!

♥ *Susanne:* Ich bin auch fest entschlossen, es mit Frank-Thomas hinzukriegen. Obwohl es für mich natürlich ebenfalls nicht einfach ist, auf einmal einen Mitbewohner zu haben, nachdem ich sechs Jahre allein in meiner Wohnung gelebt habe. Nach der großen Verlobungsparty am 24. Juni haben wir noch eine Woche Zeit, bevor ich für einige Tage als Seminarassistentin nach Mallorca fliege. Mir ist das ganz recht, dass ich dann erstmal weg bin.

**So richtig kann ich mich noch nicht damit abfinden,
dass Frank-Thomas nun der neue Mann in meinem Leben sein soll.**

Er räumt dauernd irgendetwas in meiner Wohnung um und weg. Na ja, klar, ich müsste ihm vielleicht auch mehr Platz machen. Ist ziemlich ungewohnt alles. Ich habe wie immer viel zu tun, und er bastelt am Schreibtisch nebenan an seiner Selbstständigkeit. Wenn ich ehrlich bin, traue ich ihm noch nicht so recht zu, dass er das schafft. Ich bin seit über zehn Jahren selbstständig und weiß, was das bedeutet und wie lange es dauert, sich am Markt zu positionieren. Noch dazu will er sein Geld als Coach verdienen. Coaches gibt es in München wie Sand am Meer! Sich damit so zu etablieren, dass man davon auch leben kann, schaffen nur sehr wenige. Aber das sage ich Frank-Thomas natürlich nicht, ich will ihn ja nicht demotivieren. Immerhin kümmert er sich darum, dass er noch freiberuflich in seinem alten Job arbeiten kann. Ausgerechnet in dieser Woche, so kurz nach meiner Verlobung, läuft mir einer meiner Ex-Männerschwärme, in den ich vor Jahren einmal

heftig verliebt war, über den Weg. Was für ein Zufall: Jahrelang nicht gesehen, und dann remple ich ihn aus Versehen auf dem Bahnsteig an. Wir fahren zufällig mit dem gleichen Zug, unterhalten uns sehr angeregt, verabreden uns für Anfang August zum Kaffeetrinken. Was um alles in der Welt hat das jetzt zu bedeuten?
Ein paar Tage später bin ich auf Mallorca, betrachte die wunderbaren Sonnenuntergänge, und mit etwas Abstand mache ich mir noch einmal bewusst: Ich habe die richtige Entscheidung getroffen, das passt mit Frank-Thomas. Es wird eine Herausforderung, aber ich bin nach wie vor fest entschlossen. Fünf Tage später bekomme ich meine erste Riesenkrise. Ich erfahre, dass Frank-Thomas einfach mit meinem Auto von München nach Düsseldorf gefahren ist. Wir skypen, die Verbindung ist sowieso schon schlecht und ich verstehe nur die Hälfte, und er faselt irgendetwas von Düsseldorf und meinem Auto. Ich spüre, wie Adrenalin durch meine Adern pumpt. Seit Jahren versuche ich, privat möglichst wenige Kilometer zu fahren, weil das Auto als Firmenwagen läuft und Privatfahrten ziemlich teuer sind. Ich war so froh, dass ich meine Kosten dieses Jahr einigermaßen im Griff hatte. Und was macht mein neuer Mann? Fährt einfach so, ohne mich zu fragen, mit MEINEM Wagen nach Düsseldorf. Ich bin vielleicht sauer! Die Fahrtkosten betragen sicher um die 600 Euro, wenn ich das auf den Kilometer umrechne. Die werde ich ihm in Rechnung stellen. Bei so etwas bin ich ganz schnell wieder ganz pragmatisch, Beziehung hin oder her. Der kann doch nicht einfach mein Auto nehmen!

Schwupp, und schon meldet sich der Zweifel bei mir: So richtig vermisse ich Frank-Thomas nicht. Dieses Verliebtheits- und Romantikgefühl fehlt mir nach wie vor. Ich bin sogar ganz froh über etwas Abstand. Zu zweit wurde es mir in München ein wenig eng. Es ist schon der Hammer, auf einmal mit einem anderen Menschen zusammen in der eigenen Wohnung zu leben, wenn man vorher jahrelang allein war.

Wahrscheinlich tun Menschen so etwas sonst nur, wenn sie verliebt sind und der Verstand ausgeschaltet ist ... Oder wir haben einfach nicht die richtige Wohnung.

Zurück aus Mallorca, wieder in München, nehme ich mir vor, Frank-Thomas in den nächsten Wochen einige grundlegende Dinge beizubringen, die für mich wichtig sind. Beispielsweise, dass er jeden Tag ein Deo benutzt. Und dass er meinen Toast morgens erst in den Toaster steckt, wenn der Rest des Frühstücks fertig ist. Es sind ja oft die Kleinigkeiten, die einen im Beziehungsalltag fertig machen. Ich finde es toll, dass Frank-Thomas morgens immer das Frühstück für uns vorbereitet, nur hasse ich es, kalten Toast zu essen. Was wir uns auch vorgenommen haben: weiterhin jeden Tag Sex miteinander zu haben. Auch hier gibt es viel zu lernen. Für uns beide. Frank-Thomas hat in dem Bereich wenig Erfahrung. Und ich muss lernen, noch viel präziser zu sagen, was ich will, woher soll er das sonst wissen? Wer soll ihm das beibringen, wenn nicht ich?

Ein Punkt, in dem wir uns auf jeden Fall einig sind, ist unser Business. Wir sind beide unter anderem als Coaches tätig beziehungsweise wollen diese Tätigkeiten ausbauen. Und wir sind beide überzeugt, dass jeder, der intensiv mit Menschen arbeiten möchte, sehr viel lernen und über Jahre Erfahrungen sammeln muss. Ein Coach ist wie ein Arzt: Je mehr Erfahrung, desto besser. Deswegen nehmen wir beide jedes Jahr an verschiedenen Weiterbildungen teil und assistieren auch regelmäßig in Seminaren. Darüber gibt es keine Fragen oder Diskussionen, und das ist viel wert!

Im August fliegt Frank-Thomas für eine Seminarassistenz nach New York, und ich bin wieder allein in meiner Wohnung. Wir haben uns noch lange nicht aneinander gewöhnt. Ich genieße es, in diesem Monat für mich zu sein und gleichzeitig zu wissen, dass ich eine Beziehung habe. Ich muss jetzt nicht mehr nach einem Mann suchen und kann einfach mal entspannt allein sein. Das ist sehr angenehm. Ich treffe diesen

Typen, den ich vor kurzem am Bahnhof wiedergesehen habe, auf einen Cappuccino, und stelle fest, dass von meiner früheren suchtartigen Verliebtheit nichts mehr übrig ist. Sympathie ist noch vorhanden, ja, und auch Interesse daran, Zeit mit ihm zu verbringen. Aber mehr geschäftlich. Er bucht ein paar Coaching-Stunden bei mir, und wer weiß, vielleicht hat er ja zu einem späteren Zeitpunkt Lust, auch einmal ein Tagesseminar bei Frank-Thomas mitzumachen. Mit etwas Abstand finde ich das langsam ziemlich cool mit meiner Beziehung.

Wenn ich meine Verlobungsgeschichte anderen Leuten erzähle, blicke ich jedes Mal in ungläubige Gesichter. Wie kann man sich verloben, ohne verliebt zu sein? Und dann gleich zusammen wohnen? Ich bin stolz auf uns beide. Früher war ich oft verliebt, ohne dass eine Beziehung daraus wurde. Nur heiße Luft. Da ist es jetzt doch besser. Frank-Thomas und ich skypen jeden Tag miteinander, und gegen Ende des Monats freue ich mich richtig, ihn wieder zu sehen. Komisch, wenn er nicht da ist, könnte ich mich fast verliebt fühlen.

Manchmal ist es einfacher, in jemanden verliebt zu sein, wenn er nicht da ist.

Zumindest ist uns beiden durch die räumliche Trennung klar geworden: Wir brauchen eine neue Wohnung. So geht es nicht. Mein Appartement ist zwar eigentlich groß genug, und natürlich wäre es logisch und vor allem billiger, erst einmal zusammen dort wohnen zu bleiben. Aber Frank-Thomas fühlt sich in meiner Wohnung wie ein Fremdkörper – und für mich ist er das auch. Davon ganz abgesehen, hat sie kein Kinderzimmer. Der kleine innere Zweifler erinnert mich natürlich sofort daran, dass ein Umzug teuer ist und nicht mehr so schnell rückgängig gemacht werden kann. Gleichzeitig weiß ich, wenn das mit uns gut gehen soll, und das soll es ja, dann brauchen wir eine neue Wohnung. Und zwar so schnell wie möglich.

KAPITEL 12

ÜBERRASCHUNGEN

*„Liebe besteht nicht darin, dass man einander anschaut,
sondern dass man gemeinsam in die gleiche Richtung blickt."*
Antoine de Saint-Exupéry

♥★ **Susanne und Frank-Thomas:** Mitte September, knapp drei Monate nach unserer Verlobung, beschließen wir, Nägel mit Köpfen zu machen, unsere beiden Single-Wohnungen zu kündigen und eine neue gemeinsame Wohnung zu suchen. Der Umzug soll noch in diesem Jahr stattfinden. Die Entscheidung fällt uns beiden nicht leicht, denn sie hat etwas sehr Endgültiges. Eine Verlobung kann man zur Not ja wieder auflösen, ein Kind haben wir noch nicht, von einem gemeinsamen Business ganz zu schweigen. Wir könnten auch gute Freunde bleiben und es bei dem Versuch belassen. Diesen Gedanken haben wir beide, und das nicht nur einmal. Aber wir wollen beide unser Versprechen halten, wir wollen das durchziehen, was wir am 19. Juni beschlossen haben. Auch darin sind wir uns einig. Das verbindet uns, der Wille, unsere einmal getroffene Entscheidung umzusetzen, egal, welche Widerstände sich zeigen. Denn nur dann, wenn wir es mit allen Konsequenzen durchziehen, werden wir wissen, ob es funktioniert. Es ist ganz klar, dass die meisten Paare viel zu schnell aufgeben, sobald die Gefühle füreinander nicht mehr so stark sind. Was sollen wir denn da sagen? Bei uns sind die Gefühle noch gar nicht da! Wir wissen um das Risiko mit der neuen Wohnung, aber wir gehen es ein. Ein gemeinsames Wagnis verbindet, vielleicht sogar weit mehr als Verliebtsein.

★ **Frank-Thomas:** Als ich aus New York zurückkomme, wohne ich erst einmal wieder mit Susanne in „dieser" Wohnung, Büro im Keller.

Ziemliche Umstellung nach New York. Noch dazu ist es richtig harte Arbeit, Susanne dazu zu bewegen, wenigstens einen Teil des ganzen alten Zeugs wegzuwerfen, damit ich ein bisschen Platz habe. Ich fühle mich immer noch wie ein Gast, nicht wie zu Hause. Wir brauchen einen kompletten Neustart, und ich fange gleich an, in den verschiedenen Internetportalen nach Wohnungen zu suchen. Zu mir nach Düsseldorf zu ziehen macht keinen Sinn, meine alte Wohnung ist noch kleiner. Und Susanne hat ihr komplettes soziales Umfeld sowie einige ihrer Kunden in München. Mir ist egal, wo ich wohne. Also ist klar, dass wir in der Münchner Gegend bleiben werden. Ich habe allerdings keine Ahnung, wie das finanziell mit Umzug und einer neuen Wohnung gehen soll, da ich ja offiziell gerade erst meine Selbstständigkeit begonnen habe und kaum Geld verdiene. Doch dieser Neuanfang muss sein. Wir haben schon eine Wunschliste gemacht, erstaunlicherweise stimmen unsere Vorstellungen von unserer Traumwohnung fast komplett überein. Das überrascht und freut mich, gute Voraussetzungen. Wir wollen eine helle Wohnung mit Büro und Kinderzimmer, möglichst im Grünen, mit Balkon oder Terrasse, in einem kinderfreundlichen Umfeld. Die Auswahl an Vier-Zimmer-Wohnungen im Münchner Süden ist gut. Die Preise sind es nicht. München ist eine der teuersten Städte Deutschlands, und das macht mir ziemlich Angst. Aber egal, ich habe jetzt endlich das, was ich schon immer haben wollte: eine Frau, mit der ich zusammenlebe. Der Satz „Ich werde das durchziehen" ist inzwischen zu meinem täglichen Mantra geworden.

Am 28. September schreiben wir beide die Kündigungen an unsere Vermieter und werfen die Briefe gemeinsam in den gelben Briefkasten an der Ecke, noch bevor wir eine neue Wohnung haben. Nach dem 31. Dezember 2011 wird es kein Appartement München-Kreuzhof und keine Junggesellenwohnung in Düsseldorf mehr geben. Silvester werden wir gemeinsam in unserer neuen Wohnung verbringen. Wo auch immer die dann sein wird.

KAPITEL 12

Scheiße, jetzt wird's ernst!

40 Jahre Single, noch nie eine gemeinsame Wohnung mit einer Frau gehabt, und jetzt dieser Schritt ins völlig Ungewisse. Und das noch nicht einmal durch die rosarote Brille blickend, sondern zu 100 Prozent bei klarem Verstand. Obwohl, bin ich grad wirklich bei klarem Verstand? Ich weiß es nicht. Diese Situation erinnert mich an meinen ersten Tandem-Fallschirmsprung vor zwei Jahren. Ich war vorher noch nie aus einem Flugzeug gesprungen und hatte Riesenangst, als die Luke aufging. Du hast keine Ahnung, was kommt, wie das wird, wo du landest ... du siehst nur diese 4.000 Meter unter dir und hast keine andere Chance, als dich bedingungslos auf den Tandemmeister zu verlassen. An diesem sonnigen Tag Ende September also, als wir gemeinsam zum Briefkasten gehen, fühle ich mich ähnlich. Ich weiß nicht, wie es wird und wo ich lande. Diesmal ist Susanne mein Tandemmeister. Sie hat bereits acht Jahre lang mit einem Mann zusammengelebt und war fünf Jahre lang verheiratet. Sie weiß, wie's geht. Und ich entscheide mich, ihr zu vertrauen.

♥ *Susanne:* In dem Moment, in dem es entschieden ist und die Briefe sich auf den Weg machen, freue ich mich auf die neue Wohnung. In der alten habe ich sechs Jahre lang gelebt. Sechs Jahre Business, Abenteuer, Männer, sexuelle Experimente – ein Leben als freiberuflicher Großstadtsingle. Diese Zeit ist jetzt vorbei! So sehr ich sie genossen habe, mit der gemeinsamen Wohnung wird ein ganz neuer Lebensabschnitt beginnen und ich bin zuversichtlich. Ich mag Umzüge. Es macht Spaß, eine Wohnung einzurichten und sich in einer fremden Umgebung einzuleben. Finanziell bin ich nicht sicher, wie es gehen wird, ich habe keine Rücklagen. Ein Umzug kostet Geld, und Frank-Thomas hat ja gerade erst mit seiner Selbstständigkeit begonnen. Er lebt vom Gründungszuschuss, da sind noch nicht viele Einnahmen zu erwarten. Trotzdem ist beschlossen, dass er auf jeden Fall die Hälfte der Miete zahlt. Erfreut stelle ich fest, dass Frank-Thomas ein richtig gutes Händchen für tolle Wohnungen hat. Bereits nach fünf Tagen Recherche können wir die ersten Wohnungen anschauen. Am 8. Oktober besichtigen wir dann unsere Traumwohnung. Toller Schnitt, riesengroßes Wohnzimmer, gemütlicher und überdachter Balkon, Kinderzimmer, Büro, großes Schlafzimmer mit Dachschräge und fantastischer Fensterfront ins Grüne. Die Sonne blitzt durch die Wolken an diesem Nachmittag, und wir beide sind uns sofort sicher: DAS ist unsere Wohnung! Ich kann mich an den schönen Räumen und Bäumen vor dem Fenster gar nicht sattsehen und weiß: In dieses Kleinod werden wir im Dezember einziehen und hier wird noch viel Gutes passieren. Im Erdgeschoss wohnen zwei Familien – Kinder sind also erwünscht. Cool, jetzt kann's losgehen! Mietkaution, Maklergebühr, doppelte Mieten – keine Ahnung, wie wir das finanziell stemmen wollen. Aber das ist uns in diesem Moment egal, bei uns zählt sowieso keine Logik. Wir wollen es, der Rest wird sich finden. Wir gehen noch ein letztes Mal ins Schlafzimmer und stehen ein paar Minuten lang in dem leeren Raum, umarmen und küssen uns. Da blitzt es zum ersten Mal auf, ganz vorsichtig und leise, ein warmes Gefühl im Herzen, das man Liebe nennen könnte. Ich weiß genau: In diesem Zimmer wird mein Kind gezeugt werden. Mit diesem Mann.

★ **Frank-Thomas:** Diesen Moment spüre ich auch. Ich denke dabei allerdings nicht an ein Kind, sondern einfach nur an Sex. Ich glaube, es ist ein gutes Zeichen, wenn man bei der Besichtigung des Schlafzimmers an Sex denkt. Ansonsten gehe ich natürlich wie ein Mann durch die Wohnung, messe alles aus, Räume, Fenster, Bäder: passt! Blöd nur, dass es in der Wohnung keine Einbauküche gibt. Doch selbst das ist uns egal. Susanne hat noch eine alte Küche in ihrem Keller stehen, dann nehmen wir halt die, selbst aufbauen kann ich sie auch.

♥ ***Susanne:*** So schnell die perfekte Wohnung zu finden, ist genial. Mir macht es unglaublich viel Spaß, sie mit Frank-Thomas zusammen auszusuchen. Keinerlei Streiterei oder Diskussion, wir sind uns sofort einig. Ich finde das erstaunlich. Nachdem ich mich konsequent mehrere Jahre geweigert habe, mit Frank-Thomas eine Beziehung einzugehen, beginne ich langsam, an mir und meinen damaligen Vorstellungen zu zweifeln. Kann ich mich so sehr geirrt haben? Ich habe immer so starke Widerstände ihm gegenüber gespürt, mittlerweile frage ich mich, warum eigentlich? Ich bin wirklich erstaunt, wie angenehm es mit ihm ist. Das Projekt „gemeinsame Wohnung" schafft eine starke Verbindung zwischen uns. Wir wollen das Gleiche. Ich glaube, das ist das Allerwichtigste in einer Beziehung. Dass man sich bei den Meilensteinen einig ist. Bei den wichtigsten Werten und den wichtigsten Zielen. Jeder sollte sich das mal fragen: In welcher Wohnung und in welchem Umfeld willst du leben? Willst du Dink (double income no kids) oder Familie? Unternehmer sein oder Job und Freizeit haben? Den Lebensstil bescheiden oder lieber luxuriös? Wenn zwei Menschen in diesen wichtigen Dingen nicht die gleichen Vorstellungen haben, wird es schwierig, ein Paar zu bleiben. Wenn ein Paar keine gemeinsamen Ziele hat, dreht es sich schnell nur um die eigenen Alltagsprobleme und Unstimmigkeiten – und dann wird schnell eine „Beziehungskiste" daraus. Bei Frank-Thomas und mir funktioniert offenbar einiges. Das mit der Wohnung ist ja erst der Anfang. Wir vereinbaren für Anfang November einen Termin zum Unterschreiben des Mietvertrages.

Das nächste Projekt ist unser Sexleben.

Was das Thema Sex betrifft, könnten wir unterschiedlicher kaum sein. Von außen betrachtet kann man meinen, hey, das passt doch perfekt. Jemand mit viel Erfahrung trifft auf jemanden mit wenig Erfahrung. Da kann der eine dem anderen viel beibringen, und beide können miteinander lernen. Tatsächlich ist es aber im Bett mit uns beiden gar nicht so einfach. Finde ich. Gerade in diesem Bereich will ich nämlich eigentlich nichts mehr lernen und auch nicht unbedingt jemandem etwas beibringen müssen, sondern einfach meinen Spaß haben. Da brauche ich noch ein wenig Geduld. Und die Bereitschaft, das zu tun, was eigentlich jeder in einer Beziehung tun sollte: zuerst geben und dann nehmen. Frank-Thomas ist sehr lernwillig, es fehlt ihm halt noch an der richtigen Fingerfertigkeit. Klavier spielen kann man auch nicht in ein paar Wochen lernen, auch wenn das Talent vorhanden ist. Also üben wir regelmäßig. Jeden Tag Sex zu haben, war uns allerdings zu anstrengend. Mittlerweile gibt es bei uns auch Abende, an denen wir einfach nur ins Bett gehen und schlafen. Das ist o.k. Und ich stelle fest:

Wenn das Verliebtheitsgefühl fehlt, ist die Lust einfach nicht so groß und man braucht mehr Disziplin für regelmäßigen Sex.

Im Großen und Ganzen bin ich aber entspannt, was das alles betrifft. Ich sehe es als neue Erfahrung. Außerdem finde ich, beim Sex geht es ja letztlich nicht nur um den eigenen Spaß, sondern tatsächlich auch darum, für seinen Partner da zu sein. Ich finde es schrecklich, wenn in Beziehungen Frauen ihren Männern den Sex vorenthalten, nur weil sie selbst keine Lust haben. Ich habe mich in den letzten Jahren sexuell ausgetobt und alles erlebt, was ich unbedingt erleben wollte. Und ich weiß, dass ich es mir jederzeit holen könnte, wenn ich wirklich wollte. Wenn wir beide also unsere Zeit brauchen, um uns richtig aufeinander einzugrooven, ist das für mich kein Problem. Das kommt schon noch. Was ich aber merke, ist, dass ich mich nach dieser ganz speziellen erotischen Atmosphäre in Clubs und auf Partys sehne. Mich überkommt große Lust, wieder einmal einen Swingerclub zu besuchen. Seit einer gefühlten Ewigkeit bin ich nicht mehr dort gewesen, und ich spüre, dass mir das wirklich fehlt. Frank-Thomas wusste ja, worauf er sich einlässt. Ich wünsche mir ein ausgefallenes Erlebnis zwischen uns beiden, ich finde, dafür wird es Zeit. Der Abend im Kitty Cat Club ist zweieinhalb Jahre her, unsere Verlobung inzwischen vier Monate. Ich weiß nur noch nicht so recht, wie ich das einfädeln soll. An einem Samstagmittag Ende Oktober ruft mich dann völlig unerwartet eine alte Bekannte an, nennen wir sie Gisela, die ich zwei Jahre zuvor in meinem Münchner Lieblingsclub kennengelernt habe. Sie fragt mich, ob ich Lust hätte, sie an dem Abend in den Club zu begleiten. Der Anruf kommt genau zur richtigen Zeit. Frank-Thomas und ich haben noch nichts geplant und ich frage ihn einfach: „Wie wär's, wenn wir heute Abend in einen Swingerclub gehen?" Ich finde, es ist eine gute Idee, dass meine Bekannte beim ersten Mal auch dabei ist. Dann hat er zwei Begleiterinnen, das macht ihm sicher Spaß.

Frank-Thomas sagt tatsächlich ziemlich schnell Ja zum Clubbesuch. Wir fahren also dorthin, ganz entspannt mit der Haltung: „Wir gucken erst einmal, worauf wir Lust haben". Da Frank-Thomas erst noch ausgestattet werden muss, treffen wir uns alle um 19.00 Uhr im Shoppingcenter neben dem Club. Ein lässiges Outfit ist schnell gefunden, auch da gefällt uns beiden das Gleiche. Kurz danach stehen wir zu dritt vor der Tür der Clubs. Ich habe ein Déjà-vu-Erlebnis: Vor fünf Jahren stand ich zum ersten Mal vor dieser Tür, damals unglaublich aufgeregt und mit einem Mann, den ich vorher nie gesehen hatte, ein Blind Date im mehrfachen Sinne. Dieser Mann führte mich damals in die Clubszene ein, mit ihm hatte ich einen der coolsten Abende meines Lebens. Heute bin ich die Initiationsmeisterin für Frank-Thomas, der wahrscheinlich ähnlich aufgeregt ist wie ich damals.

★ *Frank-Thomas:* Als Susanne mich dieses Mal mitnimmt, bin ich wesentlich entspannter als vor zweieinhalb Jahren, als sie mich zum ersten Mal auf diese Fetischparty in den Kitty Cat Club in München mitgenommen hatte. Daran muss ich kurz denken, als wir am Abend vor dem Sexclub stehen. Ich habe keine Ahnung, was in so einem Club abgeht, und klar, ich bin neugierig, was da passiert. Das interessiert mich schon. Außerdem war ich zugegebenermaßen schon immer gespannt, wie es mit mehreren Frauen oder anderen Paaren ist. Darüber habe ich in meiner Singlezeit genügend Filme gesehen. Früher hatte ich endlos viele Fantasien in meinem Kopf, ich bin ja nun wirklich lange genug allein gewesen. Jetzt will ich endlich wissen, was die Leute im realen Leben so machen, ob das so ist wie in den Filmen oder ganz anders. Ich lasse mich einfach darauf ein. Die Atmosphäre im Club hat schon etwas. Susanne zeigt mir die Räumlichkeiten, und ich denke mir, es kann ja nichts passieren – außer Sex. Kurz überlege ich auch, ob wir irgendwelche Regeln abstimmen sollten, wie weit wir gehen wollen, ob es Tabus gibt. Aber der Gedanke ist schnell wieder weg. Wir gehen an die Bar und unterhalten uns dort mit ein paar Leuten.

♥ **Susanne:** Was ich in meinen kühnsten Träumen nicht erwartet hätte: Wir haben den Spaß unseres Lebens an diesem Abend! Schnell kommen wir an der Bar mit einem netten Singlemann und einem anderen Pärchen aus Tirol ins Gespräch. Frank-Thomas ist total locker und witzig, wir haben jede Menge Spaß und lachen viel.
Ich werfe die Frage in die Runde, ob es denn stimme, was ich letztens von einem Sex-Coach gehört hätte, nämlich, dass Männer nicht küssen und Frauen nicht blasen könnten. Das bringt eine heiße Diskussion in Gang und meine Bekannte lässt es sich nicht nehmen, alle drei Männer auf ihre Kussfähigkeiten zu testen – und natürlich gleich auch ihre eigene Mundfertigkeiten zu beweisen. Leider habe ich keinen Fotoapparat dabei, um die Blicke von Frank-Thomas festzuhalten, als Gisela nacheinander den drei Männern an der Bar die Hose runterzieht und vor ihnen kurz in die Knie geht. Unauffällig stellt sich noch ein vierter daneben. Die Tirolerin und ich lachen uns kaputt. Es dauert nicht mehr lange

und wir sind alle sieben im ersten Stock in einem der Räume auf einer Matratze. Ein Knäuel von Menschen, mittendrin eine Großpackung Body-Lotion, kein Sex im engeren Sinne, aber jede Menge massierende Hände, Berührungen, Lachen. Einige Zuschauer gesellen sich in unsere Nähe und schauen dem Spektakel zu. Ich mag den Körperkontakt mit mehreren Menschen, genieße das Geschehen. Ich finde, so etwas muss man einfach einmal erlebt haben. Die meisten wissen gar nicht, was sie sonst verpassen! Und offenbar mag Frank-Thomas das auch, zumindest scheint er nichts dagegen zu haben. Ich schaue zwischendurch immer wieder zu ihm, er mischt kräftig mit, als hätte er nie etwas anderes getan. Wie konnte ich diesen Mann so sehr unterschätzen? Das hätte ich ja nie im Leben gedacht, dass so etwas mit ihm möglich ist. Und dann auch noch gleich am ersten gemeinsamen Clubabend als Paar! Was mich besonders erstaunt: Er hat offenbar überhaupt kein Problem damit, dass hier andere Männer mitmachen. Ich war ja nun durchaus schon mit dem einen oder anderen Partner oder Liebhaber in einem solchen Etablissement unterwegs, doch keiner von denen hätte eine solche Konstellation akzeptiert. Eine zweite Frau gerne, mehrere Frauen auch, aber ein anderer Mann? Mehrere Männer?

Liegt das jetzt daran, dass es ihm egal ist und dass er nicht eifersüchtig ist, weil er ja sowieso nicht in mich verliebt ist? Oder ist es so, dass er mich wirklich mag und es mir einfach gönnt? Oder vielleicht liegt es daran, dass er sich gar nicht so viele Gedanken über das alles macht? Unsere Beziehung ist stabil, vielleicht braucht man sich da keine Gedanken zu machen. Meine Überraschung ist auf jeden Fall groß. Cool! Na, dann kann das Leben zu zweit ja beginnen!

★ *Frank-Thomas:* Ich habe total Spaß. Ich wusste ja nicht, was mich erwartet, und finde es cool. Womit ich überhaupt nicht gerechnet habe und was mich vollkommen überrascht, ist, dass Gisela mit ihrer Piepstimme sagt: „Na, den Beweis trete ich an" – und ich auf einmal ihre

Zunge in meinem Mund spüre und sie mir wenige Minuten später den Slip runterzieht. Das hätte ich nicht erwartet, vor allem nicht, weil wir ja noch an der Bar stehen. Wow! Ich habe eine Menge geniale Erlebnisse an dem Abend, und die anderen auch, soweit ich das einschätzen kann. Was ich noch etwas gewöhnungsbedürftig finde, sind die Singlemänner, die hinter uns hertraben und mitmachen wollen. Gut, dass ich nie allein in so einem Club gewesen bin. Aber zu dem Thema hat Susanne mich ja auch schon vorgewarnt. Mein Eindruck ist, dass hier ganz normale Leute sind, die sich am Samstagabend einfach mal ein wenig vergnügen wollen. Statt fernzusehen. So wie wir ja auch.

Als wir dann mit mehreren auf der Matte liegen, denke ich einen kurzen Moment lang daran, ob wir uns nicht doch hätten absprechen sollen. Aber mittendrin aufzuhören, ist blöd. Dieser Gedanke kommt, als einer der Männer ganz offensichtlich Sex mit Susanne haben will. Doch sie weist ihn freundlich und bestimmt zurück. Sex will sie nur mit ihrem Partner, also mit mir, sagt sie zu ihm. Also ist das damit auch geklärt. Wir müssen uns nicht abstimmen, brauchen keine Regeln. Es passt einfach zwischen uns beiden. Ich habe ansonsten keine Meinung darüber, ob da irgendetwas entstehen könnte zwischen Susanne und einem anderen Mann. Warum auch? Wir beide sind verlobt und wollen zusammenziehen. Und Susanne mag Sex. Wo ist das Problem? Ich glaube, viele hängen in dem Gedanken fest, dass sie Sex und Liebe nicht trennen können. Jetzt mal ehrlich: Keiner wird ja wohl damit rechnen, im Club die große Liebe zu finden. Da geht es doch darum, beim Sex neue Dinge auszuprobieren und andere Körper kennenzulernen. Das Einzige, wovor ich am Anfang wirklich ein wenig Angst habe, ist, dass ich vor so vielen „Zeugen" versagen könnte ... Aber das passiert nicht. Also alles kein Problem.

KAPITEL 13

UNSERE GEHEIMEN HINTERTÜRCHEN

„Alltagsleben: funktioniert. Wohnungssuche: funktioniert. Sex: funktioniert! Und trotzdem …" Susanne & Frank-Thomas, Oktober 2011

♥ **Susanne:** Unsere Beziehung entwickelt sich, und ich spüre jeden Tag, dass ich mich immer besser darauf einlassen kann. Frank-Thomas und ich haben in vielem die gleiche Wellenlänge, und es ist angenehm mit ihm. Dieser Abend im Club hat mich maßlos fasziniert. Wie locker Frank-Thomas mit vielen sexuellen Dingen ist, überhaupt nicht moralisch, das hätte ich nicht erwartet. Ich fühle mich seit diesem Abend mehr mit ihm verbunden. Mir ist es wichtig, solche Erlebnisse gelegentlich zu haben, und ich bin sehr erleichtert, dass wir darüber überhaupt nicht diskutieren müssen und er einfach Ja sagt. Einen Clubbesuch mit dem eigenen Partner finde ich viel genialer als alleine oder mit einem Liebhaber. Nach vier Monaten Beziehung komme ich zu dem Fazit: Wir passen zusammen, das kann man nicht anders sagen, wir sind ein super Team. Nur eine Sache fehlt: Ich bin einfach nicht verliebt. Dieses ganz spezielle Gefühl, das vermisse ich. Und ich frage mich, ob sich das wohl noch entwickelt oder ob das bei mir einfach nicht zusammengeht, Verliebtsein und eine harmonische Beziehung. Das sagen doch immer alle, wenn man als Paar sehr vertraut ist, schwinden die Schmetterlinge im Bauch. Wir beide haben ja quasi auf dem Level angefangen, wo viele Paare nach Jahren sind: vertraut, aber nicht verliebt. Und ich stelle fest: Auf das Verliebtsein will ich nicht verzichten. Dieses Gefühl hat mich über viele Jahre immer wieder begleitet, und irgendwie finde ich, es gehört dazu, und deswegen möchte ich das wieder haben! Allerdings habe ich nicht vor, unsere Beziehung zu beenden. Was mir stattdessen immer wieder in den Sinn kommt, ist der Gedanke an eine Zweit-Beziehung.

Ich denke tatsächlich darüber nach, ob es nicht möglich ist, in einer Dreierkonstellation mit zwei Männern zu leben. Oder vielleicht in einer offenen Beziehung. Ich kenne einige Leute, die so leben. Frank-Thomas wäre in dieser Gruppierung natürlich mein Haupt-Mann, aber daneben gäbe es eben noch andere. Und nicht nur ab und zu im Club, sondern auch öfter. Polyamorie nennt man so etwas, und es gibt wirklich Menschen, die offen mehrere Beziehungen gleichzeitig leben. Idealerweise mögen sich dann alle gegenseitig. Ich habe keine Ahnung, ob das Frank-Thomas' Ding wäre und ob das im echten Leben überhaupt funktionieren würde. Aber ich bin neugierig darauf. Ich finde den Gedanken spannend. Mit Herbert könnte ich mir das aktuell gut vorstellen, er ist jemand, an den ich immer wieder in diesem Kontext denke. Wir haben noch relativ viel Kontakt. Seit der Verlobung hatten wir keinen Sex mehr, sehen uns aber ab und zu und telefonieren. Einmal haben wir vier Stunden lang telefoniert, bis der Akku von meinem Handy leer war. Reden konnten wir ja schon immer gut miteinander. Wir wollen uns offensichtlich noch nicht ganz loslassen, er und ich. Manchmal frage ich mich, ob ich vielleicht immer noch in ihn verliebt bin, obwohl ich seit vier Monaten mit Frank-Thomas zusammenlebe. Resultieren diese Überlegungen in Sachen offene Beziehung womöglich aus meiner Unfähigkeit, mich real auf einen einzigen Menschen einzulassen? Verliebt war ich bisher meistens in Kerle, die mich gar nicht wollten. Was ja auch eine gute Strategie ist, sich NICHT einlassen zu müssen. Wieso kann ich mich nicht einfach in Frank-Thomas verlieben? Das wäre doch am besten. Aber wahrscheinlich kann man das nicht willentlich beeinflussen. Oder? Wo ist der Schalter, den ich drücken muss? Möglicherweise brauchen wir mehr Zeit, wir sind erst seit vier Monaten zusammen. Aber wie lange soll ich warten?

Es ist keine Frage, dass ich mit ihm zusammenbleiben will, aber vielleicht ist es legitim, mir das Gefühl „verliebt" woanders zu holen.

Mir ist es fast peinlich, diese Gedanken aufzuschreiben. Ist es nicht eigentlich gemein, was ich da so denke? Frank-Thomas ist so ein unglaublich toller Mann, er macht alles mit, erfüllt mir so viele Wünsche, und trotzdem fehlt mir immer noch etwas. Ich bin nie zufrieden, immer gibt es noch etwas auszusetzen. Ich glaube, das ist typisch für viele Frauen, wenn es um ihre Männer geht.

Wenn eine Frau in einen Mann verliebt ist, bewundert sie ihn ohne Ende. Und wenn die rosarote Brille dann weg ist, nörgelt sie an ihm herum.

Frauen öffnen ihr Herz für ihre Kinder, aber nicht für ihre Männer. Bedingungslose Liebe und unendliche Geduld bringen sie ihren Söhnen entgegen, freuen sich über jeden Pups und jeden noch so kleinen Fortschritt, den der kleine Zwerg macht. Doch der eigene Partner kann es den Frauen häufig einfach nicht recht machen, egal, wie sehr er sich anstrengt. An ihm wird herumgemäkelt. Hmm ... Was braucht es, damit ich mein Herz für Frank-Thomas wirklich öffnen kann? Ist das vielleicht auch nur eine Entscheidung? Fragen über Fragen.
Nach außen hin wirke ich ganz sicher, was unsere Beziehung betrifft. Doch in mir drin gibt es noch einige offene Hintertüren. Trotzdem werde ich Anfang November zusammen mit ihm den Mietvertrag für die neue Wohnung unterschreiben, das ist klar.

★ *Frank-Thomas:* Ganz ehrlich, Zweifel und offene Hintertüren habe ich auch noch. Bei mir äußern diese sich als Fluchtinstinkte. Für mich ist es vor allem unsere finanzielle Situation, die mir Angst macht. Das mit der Selbstständigkeit bereitet mir Kopfzerbrechen, und ich fürchte oft, dass wir das nicht hinkriegen. Beziehungsweise dass ich das nicht hinkriege. Ich habe früher viele Jahre im Vertrieb gearbeitet, habe einen Umsatz von zwei Millionen im Jahr mit Aufzügen gemacht und

hatte ein gutes Gehalt. Da ist mir verkaufen und verhandeln leicht gefallen, ich war sehr erfolgreich. Doch nun meine eigenen Sachen zu verkaufen, fällt mir echt schwer. Und das neben Susanne, die offenbar ganz leicht Geld verdient. Zumindest für sich selbst. Das ist schon ziemlich einschüchternd und fühlt sich nicht nach „Team" an. Ich habe zwischendurch immer wieder den Gedanken, mich wieder als Ingenieur zu bewerben. Dann bin ich weg und mache wieder mein eigenes Ding. Bevor ich im Frühjahr 2011 für 3 Monate nach Kapstadt gegangen bin, bekam ich ein super Angebot: gutes Gehalt, Dienstwagen, überschaubares Vertriebsgebiet in NRW. Da hätte ich gleich anfangen können, die wollten mich unbedingt haben. Wenn ich das durchgezogen hätte, wäre ich finanziell schnell wieder gut gestellt gewesen. Letztlich habe ich mich für Kapstadt entschieden, und das war auch gut so. Die Absage habe ich von dort aus geschrieben, und in dem Moment, in dem ich auf „Senden" drückte, klingelte auch schon mein Handy. Die hatten bereits ein Auto für mich bestellt. Seitdem habe ich immer wieder im Kopf, bei dieser Firma noch einmal anzurufen, der Chef würde mich sicher auch heute noch nehmen. Susanne will einen Partner auf Augenhöhe, der mit ihr gemeinsam selbstständig ist, das ist klar. Wieder einen Job anzunehmen, würde für mich deshalb auch bedeuten, die Beziehung zu beenden. Wir haben den Vertrag für die neue Wohnung noch nicht unterschrieben, jetzt könnte ich noch abhauen.
Im Keller in Susannes Wohnung hatte ich in den letzten Monaten schon ab und zu den Gedanken, alles wieder hinzuschmeißen. Eine Frau, die nur am Arbeiten ist und mir gerade einmal eine kleine Ecke in ihrem vollgestopften Büro gibt, will ich nicht, darauf habe ich keine Lust. Einige Male habe ich schon gedacht, so wie es derzeit läuft, kriegen wir das als Paar nicht hin, und dann will ich auch nicht großartig Energie investieren. Okay, ich habe mich zwar innerhalb von fünf Tagen mutig und zuversichtlich verlobt, aber meine Gedanken in den letzten Wochen waren häufig, dass ich, bevor ich das nicht hinkriege, lieber aussteige

und alles rückgängig mache. Ich hatte sogar die Idee, einfach komplett abzuhauen, weit weg. Auswandern, neue Handynummer und Mailadresse. Der Schritt wäre gar nicht so schlimm gewesen. Ich war ja lange genug Single, damit kenne ich mich aus. Das waren so meine Gedanken und Zweifel. Susanne habe ich das natürlich nicht gesagt! Ich merke, dass jetzt vor dem Unterschreiben des Mietvertrags diese Fluchtgedanken noch einmal verstärkt auftreten. Die neue Wohnung ist toll, aber auch richtig teuer, und ich habe da gemischte Gefühle. Und ob die Beziehung mit Susanne tatsächlich funktioniert? Sie hat so eine Art, einen vor vollendete Tatsachen zu stellen, die ich nur schwer akzeptieren kann. Diese Frau ist ein ganz schönes Kaliber. Sie hat mir einfach gesagt, dass die Miete von meinem Konto abgebucht wird. Punkt. Eine Kontonummer muss ja im Mietvertrag stehen, und sie hat entschieden, dass das meine ist. Ohne, dass wir einmal darüber gesprochen hätten. Sie hat das einfach entschieden. Klar, sie richtet einen Dauerauftrag mit dem halben Mietbetrag an mich ein, aber die Verantwortung liegt bei mir. Das ist schon eine Nummer. In dem Moment, in dem sie das sagte, hatte ich den allerstärksten Fluchtinstinkt ... Aber letztlich habe ich zugestimmt. Ich will ja etwas anderes als bisher, und ich will das auch mit der Selbstständigkeit hinkriegen. Und Verantwortung will ich auch übernehmen. Von daher werden die Fluchtgedanken Gedanken bleiben und ich werde den Mietvertrag unterschreiben!

♥ **Susanne:** Heute, an einem sonnigen Morgen Anfang November, haben wir den Termin bei unserem zukünftigen Vermieter, um den Vertrag zu unterschreiben. Ich bin glücklich und sehr zuversichtlich, freue mich auf den neuen Lebensabschnitt. Frank-Thomas ist ein wenig schweigsam. Ich glaube, er macht sich Sorgen. Aber wenn er selbstständig sein will, muss er sich sowieso daran gewöhnen, dass es immer wieder Phasen gibt, in denen es finanziell knapp wird. Dann muss man halt kreativ werden. Vielleicht kommt sein etwas sorgenvolles Gesicht

heute auch daher, dass ich darauf bestanden habe, dass seine Kontoverbindung für die Mietabbuchungen im Vertrag steht. Es ist klar, dass ich meinen Anteil zahle. Doch er hat die Verantwortung. Er muss seine Selbstständigkeit ins Rollen bringen und Geld verdienen, und das geht nur mit Verantwortung. Kleine und wichtige Details. Ich kenne Frauen, die über Jahre hinweg alles Mögliche für ihren Mann bezahlen, weil sie mehr Geld verdienen, und sich dann beschweren, dass er nichts auf die Reihe kriegt. Das kommt für mich nicht infrage. Für Frank-Thomas auch nicht. Also machen wir das so, auf Augenhöhe. Im Büro unseres Vermieters sind alle sehr freundlich, wir lachen zusammen und unterschreiben. Damit ist es besiegelt – unser neues Leben.
Nach dem Unterschreiben des Mietvertrags haben wir Lust, anzustoßen, und gehen ins Blue Spa in den Bayerischen Hof. Wenn wir schon in die Millionärsgegend im Münchner Süden ziehen, können wir das auch angemessen feiern. Jetzt sind die Weichen für unser gemeinsames Leben gestellt. Bei Alpenföhn und mit wunderbarer Sicht auf die Berge stoßen wir mit einem Glas Prosecco an.

★ *Frank-Thomas:* Mein klarer Wille an diesem Morgen trotz all meiner Zweifel ist, das jetzt durchzuziehen. Meine Neugier ist größer als meine Angst. Ich denke mir, ich wollte immer eine Beziehung und ein Kind. Und wenn ich jetzt schon wieder einen Rückzieher mache, dann komme ich dem nicht näher. Ich kann ja nicht immer nur antäuschen, reinschnuppern und dann abhauen. So wird das nichts mit der Familie. Jetzt habe ich diese Beziehung mit Susanne, dabei bleibe ich. Auch wenn die Miete fast dreimal so hoch ist wie in meiner Single-Wohnung in Düsseldorf und ich momentan vom Gründungszuschuss lebe. Nachdem meine Rücklagen mehr oder weniger aufgebraucht sind und mein monatlicher Kostenblock ziemlich hoch ist, sind da durchaus einige Ängste vorhanden. Als Mann gibt man das ja normalerweise nicht zu. Das ist mir jetzt alles egal, diese Hintertür wird zugemacht und die Miete von meinem Konto abgebucht. Ich vertraue auf Susanne, die weiß, wie sie ihr Geld verdient und mich nicht hängen lassen wird. Sie wird ihren Anteil regelmäßig bezahlen. Die Wohnung ist toll, und bis wir dort ab Dezember wohnen, gibt es noch einiges darin zu tun: Susannes alte Küche einbauen, neue Badezimmermöbel und ein neues Bett kaufen. Ich freue mich darauf, das alles aufzuschreiben und den Einzug zu planen. Wir sind beide so gestrickt, dass wir einen richtigen Neuanfang machen wollen und möglichst wenig Kompromisse. Diese Wohnung passt, sie hat Platz für ein Büro und für Kinder. Alles andere wäre Blödsinn gewesen, denn genau das wollen wir.

♥ **Susanne:** Was ich mir an diesem Morgen noch einmal klar mache: Wir sind jetzt beide um die 40 Jahre alt, und wir haben uns für volle Pulle Beziehung, Business und Familie entschieden. Dafür braucht es die passende Wohnung. Wenn wir richtig durchstarten wollen, macht es keinen Sinn, einen Kompromiss zu machen. Die neue Wohnung, in die wir im nächsten Monat gemeinsam einziehen werden, wird unser Heim für die nächsten, sagen wir mal, fünf bis zehn Jahre sein. Sie wird die Basis für alles, was wir gemeinsam aufbauen. Sie muss Platz für Kinder haben, uns beiden gefallen, sich wie ein Zuhause anfühlen. Und sie muss uns beiden das Gefühl geben, dass wir von dort aus richtig viel Geld verdienen können. Auch wenn sie zum jetzigen Zeitpunkt vielleicht noch eine Nummer zu groß ist, wir werden hineinwachsen. Ich habe irgendwo einmal gehört oder gelesen, dass man sich Ziele immer so stecken soll, dass sie sich zu ungefähr 60 Prozent erreichbar anfühlen – damit noch Potenzial für unerwartetes Wachstum bleibt. Diese Regel haben wir mit der Wohnung erfüllt. Damit beginnt für uns ein neues Leben. Wir schließen ein paar unserer Hintertürchen. Aber noch nicht alle …

KAPITEL 14

DER VERRÜCKTESTE GEBURTSTAG DES JAHRES

„11.11.11 – heute ist der verrückteste Tag des Jahres!" BILD (Zeitung)

★ **Frank-Thomas:** Eine Woche nach Unterschreiben des Mietvertrags und zwei Wochen nach meinem „ersten Mal" im Swingerclub sind wir wieder dort. Nicht bei unserem Vermieter, sondern im Club. Zu Susannes Geburtstag am 11. November. Sie hat Lust, dort zu feiern, und ich komme natürlich wieder mit. Gisela auch. Und Herbert … Und ein befreundetes Pärchen, das sich eigentlich gerade trennen wollte und dem Susanne empfohlen hat, es einmal mit einem Clubbesuch zu versuchen. Eine skurrile Truppe. Susanne hat schon immer gern verrückte Partys gefeiert. Bei dem Geburtsdatum ist das wohl kein Wunder. Im Kitty Cat Club hat sie vor ein paar Jahren auch schon gefeiert. Mit dem Österreicher, den ich auf unserer Verlobungsparty kennengelernt habe. Diesmal geht sie mit mir und ihrem Ex-Lover Herbert in den Swingerclub. Das war übrigens wieder so etwas, das sie mir einfach mitgeteilt hat. Ich hätte doch nichts dagegen, dass er mitkäme? Ich muss schon ein wenig verrückt sein, dass ich das alles mitmache, denke ich mir manchmal.

♥ **Susanne:** Gott sei Dank ist Frank-Thomas ein wenig verrückt! Also, ich frage mich manchmal wirklich, ob ich verrückt bin oder ob es nicht eher die anderen sind. Die, die nicht solche Sachen machen wie wir und stattdessen nur davon träumen? Die ihr Leben lang NICHT das tun, worauf sie eigentlich Lust hätten und am Ende dann das Gefühl haben, sie hätten das Wesentliche verpasst. Gut, ich schlage vielleicht manchmal etwas über die Stränge. Und manchmal funktionieren die Dinge nicht so, wie ich sie mir vorstelle. Dann lerne ich halt etwas daraus. Für mich machen diese verrückten Aktionen das Leben erst lebenswert! Am

11.11.2011 feiere ich meinen 39. Geburtstag im Swingerclub. Das ist mal etwas anderes. Zum 38. Geburtstag habe ich mir ein Tattoo stechen lassen und den Nachmittag nach der Prozedur im Endorphinrausch verbracht. Das hatte auch etwas. Ich bin neugierig, wie es mit Frank-Thomas und Herbert wird. Ich weiß, dass Herbert unbedingt einmal einen Club besuchen will, es aber noch nie gemacht hat. Und ich habe Lust, ihn bei meiner Geburtstagsparty dabei zu haben. Deswegen habe ich ihm kurzerhand Gisela als Begleiterin vermittelt. Wir treffen uns alle vor der Eingangstür. Ich bin ziemlich aufgekratzt. Dieser Abend ist anders als der letzte. Ich merke, dass ich doch ein wenig zurückhaltend bin. Vielleicht, weil ich diesmal mit Bekannten da bin. Anonym fällt es mir leichter, lockerzulassen. Und weil ich nicht weiß, ob das mit Frank-Thomas und Herbert funktioniert. Wir gehen erst einmal alle zusammen an die Bar, trinken und essen und stoßen auf meinen Geburtstag an. Unser befreundetes Pärchen zieht sich später zurück, scheinbar verstehen sie sich wieder, dafür gesellen sich andere zu uns. Es macht riesengroßen Spaß, in diesem Ambiente und vor allem an meinem Geburtstag neue Leute kennenzulernen. Jeder Abend hier ist anders, weil immer verschiedene Leute da sind, man in anderer Stimmung ist, sich unterschiedliche Begegnungen ergeben. Mit Partner ist es noch mal anders. Mit Partner und Ex-Liebhaber erst recht! Ich bin wieder einmal mehr als erstaunt an diesem Abend, wie locker Frank-Thomas alles nimmt. Und ich fühle mich unendlich befreit. Mit diesem Mann kann ich wirklich tun, was ich will, und sein, wer ich bin. Er bremst mich nicht und hält mich nicht auf, er hat keine Meinung über mich, er geht das gleiche Tempo wie ich und hat auch noch sichtlich Spaß dabei.

Ich muss mich nicht rechtfertigen oder zurückhalten, ich kann einfach so sein, wie ich bin. Ist das eine Erleichterung!

Ich sitze in schönen schwarzen Dessous auf der Plüsch-Couch mit einem Glas Weißwein vor mir, neben mir auf der einen Seite Frank-Thomas, auf der anderen Herbert. In diesem Moment fühle ich mich sehr verbunden mit Frank-Thomas. Viel mehr, als ich erwartet hätte. Ich freue ich mich, dass Herbert auch dabei ist, aber ich spüre die Verbindung zu Frank-Thomas und bin heute Abend wirklich ein bisschen verliebt in ihn. Ich glaube nicht, dass es so viele andere Männer gibt, mit denen ich das alles machen könnte: Geburtstagsfeier im Swingerclub, mit Ex-Liebhaber …
Nach dem Essen und ausgiebigem Anstoßen mit Prosecco genieße ich meine erste Wasserkuschel-Session mit sechs Leuten und zwei Großpackungen Duschgel im clubeigenen Whirlpool. Und ich denke die ganze Zeit: Was habe ich nur für einen tollen Mann! Wer hätte das gedacht?

★ *Frank-Thomas:* Man könnte mich jetzt fragen, ob das nicht komisch für mich ist, mit Susanne und Herbert zusammen in den Club zu gehen. Wenn ich ehrlich bin, nein, das ist nicht komisch. Zumindest bin ich nicht eifersüchtig oder so etwas. Warum auch? Ich weiß, dass Herbert in einigen Dingen mehr Erfahrung hat als ich, aber in vielen anderen ist er eine Labertasche. Ich habe auch schon einmal ein Tantra-Seminar mitgemacht und andere Leute nackt gesehen. Was soll da schon dabei sein? Susanne ist mit mir verlobt, sie hat sich für mich entschieden, er hatte seine Chance. Mehr gibt's dazu nicht zu sagen. Außerdem ist er ganz witzig, also warum nicht?

KAPITEL 15

UMZUG ZU DEN MILLIONÄREN

„Ein neues Haus, ein neuer Mensch." Johann Wolfgang von Goethe

♥ **Susanne:** Es heißt, dass ein Umzug auf einen Menschen in etwa die gleiche Wirkung hat wie ein Todesfall oder eine Geburt. Fakt ist: Danach ist es unwiederbringlich anders als vorher. Der Ortswechsel macht etwas mit einem Menschen. Für das Gelingen unserer Beziehung ist er einer der wichtigsten Meilensteine.
Für mich bedeutet dieser Umzug, viele Dinge loszulassen, und das fällt mir nicht leicht. Aber das gehört zu diesem neuen Leben dazu. Ich bin schon öfter umgezogen. Aber noch nie hat sich der Einschnitt so heftig angefühlt. Ich wohne aktuell noch mit den Möbeln, die ich vor vielen Jahren mit meinem Ex-Mann zusammen gekauft habe. Nach seinem Auszug habe ich alle Möbel behalten und meine Single-Wohnung damit eingerichtet. Fand ich damals praktisch. Damit ist jetzt Schluss. Ich habe einen neuen Partner, und nun heißt es, großzügig entsorgen. Ich werde mich von meinem kompletten Wohnzimmer trennen, denn Frank-Thomas hat eindeutig die schöneren Möbel. Meine alte Küche behalten wir, und meine Schreibtische und Regale. Wir sind beide der Meinung, dass eine neue Beziehung ein neues Bett fürs Schlafzimmer braucht. Im vierten Möbelhaus findet Frank-Thomas dann ein geniales knallrotes Bett, ein Designerstück. Er hat nicht nur ein Händchen für Wohnungen, sondern auch fürs Einrichten. Das Bett muss sein, schließlich wollen wir viel Sex haben – und ein Baby zeugen.
Bis zum Umzugstermin fahren wir achtmal mit meinem Kombi zum Wertstoffhof, um alte Sachen von mir zu entsorgen. Mit jeder Fahrt verabschiede ich mich von einem Stück meines alten Lebens – und fühle mich immer mehr erleichtert. Was ich definitiv behalten will, sind

meine Bücher. Lustigerweise stellen Frank-Thomas und ich fest, dass wir offenbar einen ähnlichen Geschmack beim Lesestoff haben. Einen ganzen Stapel Bücher haben wir jetzt doppelt, zu den Themen Unternehmertum, Spiritualität, Psychologie, Erfolg. Darunter: „Die 4-Stunden-Woche", „Lebe im Jetzt" oder „Halt den Mund, hör auf zu heulen und lebe endlich". Wir haben offenbar doch mehr gleiche Interessen als gedacht. Unser neues Büro wird wieder eine kleine Bibliothek werden. Aber solche Sachen wie den „Steuerratgeber 1998" werfe ich weg. Frank-Thomas entspannt sich zunehmend. Vielleicht hat er gedacht, ich sei ein verkappter Messie oder so?

★ **Frank-Thomas:** Na ja, eine Zeit lang saß ich an diesem Platz in der Ecke in Susannes Büro und habe versucht, mir irgendwo Raum für meine eigenen Sachen zu schaffen. Doch das war schier unmöglich, es war alles voll, alle Schubladen, wirklich alles. Ich habe gedacht, meine Herren, wie viel Zeug hat diese Frau? Bei meinem früheren Arbeitgeber war es teilweise auch sehr voll im Büro. Da haben wir einmal einen Kaizen-Aufräumtag im Büro gemacht, das hat mir damals sehr gut gefallen. Also wenn es nach mir ginge, dann würde ich noch fünf PKW-Fuhren mehr zum Wertstoffhof bringen. Susanne hat immer noch viel Zeug, das gar nicht aufgehoben werden müsste. Das liegt dann in unserem neuen Keller herum, das ahne ich schon. Gut, dass unser Keller im neuen Heim groß ist. Ich selbst habe nicht mehr viel, bin in den letzten Jahren ein paar Mal umgezogen und habe immer richtig viel weggeworfen. Ich reise mit leichtem Gepäck.

♥ **Susanne:** Um 7:00 Uhr klingelt der Wecker. Heute ist der 21. Dezember 2011. Draußen liegt Schneematsch, ein ungemütlicher Dezembertag. Der letzte in meinem alten Leben. Wir haben die letzte Nacht in meiner Single-Wohnung verbracht. Heute landet mein altes Ehebett mit dem dazugehörigen Schrank und den Nachttischen auf dem Sperrmüll. Zusammen mit meinem kompletten Wohnzimmer. Ein kurzer Moment der Wehmut überkommt mich beim Wachwerden. Jetzt gibt es kein Zurück mehr. Und dann bin ich aufgeregt. Ich freue mich. Ich schaue Frank-Thomas an und fühle mich mit ihm verbunden. Das wird gut, unser neues Leben. Das weiß ich. Was ich jetzt noch nicht im Ansatz ahnen kann: Auf den Tag genau ein Jahr später wird unser Sohn auf die Welt kommen. Die Wintersonnenwende ist offenbar ein besonderes Datum für uns …

Wir spüren beide, dass uns die gleichen Dinge wichtig sind, dass wir, wenn es um wesentliche Dinge des Lebens geht, viel ähnlicher ticken, als wir es jemals gedacht hätten. Beim Umzug ist es total harmonisch zwischen uns. Wir sind ein Team. Frank-Thomas ist Umzugsspezialist. Ein Organisator, er kann sehr gut Dinge managen und bis ins Detail planen und umsetzen. Ich bin begeistert. Bei meinen letzten beiden Umzügen hatte ich ein Unternehmen beauftragt, die haben das nicht so professionell gemacht wie Frank-Thomas.

Die Jungs vom Münchner Sperrmüll holen morgens um halb acht meine Wohnzimmer- und Schlafzimmermöbel ab. Innerhalb von 20 Minuten ist mein altes Leben mit den Studentenmöbeln in dem großen Lastwagen geschreddert. Ich bin fasziniert davon, wie schnell das geht. Um 8:00 Uhr stehen Freunde und Helfer vor der Tür. Der Umzug verläuft reibungslos, wir sind früher fertig als erwartet. Das Erste, das in der neuen Wohnung in Grünwald steht, ist das rote Bett. Am Abend trinken wir in meiner alten Wohnung noch einen letzten Glühwein mit allen Umzugshelfern, und dann war's das mit meiner Single-Wohnung. Was für ein Tag! Ausgepackt und aufgebaut wird über Weihnachten. Und dann müssen wir ja noch nach Düsseldorf, Frank-Thomas' Wohnung leerräumen. Das ist für den zweiten Weihnachtstag geplant. Für Sex sind wir beide am ersten Abend zu kaputt. Aber gleich am nächsten Morgen weihen wir unser neues Bett ein. Was für ein Abenteuer! Was für eine geile Wohnung! Was für ein wunderschönes Schlafzimmer! Ich bin stolz auf uns und auf unsere Entscheidung, ein Paar zu sein! Ich glaube, die meisten Paare machen den Fehler, dass sie sich nie richtig entscheiden. Dass sie abwarten, wie sich die Beziehung entwickelt. Anstatt zu entscheiden, DASS sie sich gut entwickelt.

Wenn man ewig lange in getrennten Wohnungen bleibt, ist es einfach, die Beziehung zu beenden. Dann hat man eine Zeit lang Herzschmerz und dann geht's weiter mit dem oder der nächsten. Doch wenn zwei sich entscheiden, wirklich entscheiden, ein Paar zu sein, dann bemühen sie sich mehr um die Beziehung. Dann disziplinieren sie sich mehr, geben nicht so schnell auf. Für uns ist dieser Schritt, gemeinsam in die neue Wohnung zu ziehen, eine erneute Entscheidung füreinander und für die Beziehung. Wir geben 100 Prozent dafür. Das ist kein „Mal schauen, wie es läuft", sondern ein Entscheiden, dass es gut läuft! Das ist der wichtige Unterschied.

★ **Frank-Thomas:** Susannes Umzug ist easy. So viel Zeug müssen wir ja Gott sei Dank gar nicht mitnehmen, das meiste hat der Sperrmüll erledigt. Heiligabend verbringe ich damit, die Küche aufzubauen. Am zweiten Weihnachtstag fahren wir zusammen nach Düsseldorf, um meine Wohnung aufzulösen. Auch ich bin einen Moment lang wehmütig. Diese Wohnung war schon genial. Und dieser Umzug bedeutet für mich auch den Abschied von meiner über 40-jährigen Single-Zeit. Das ist ein richtig großer Einschnitt. Er hat etwas Endgültiges. Ich bin froh, dass wir meine Wohnzimmermöbel mitnehmen, sie vermitteln mir ein Gefühl von Zuhause und passen perfekt in unser neues Wohnzimmer. Meine Wohnung hatte ich damals so schön eingerichtet, um endlich einmal eine Frau mit nach Hause zu nehmen. Letzten Endes hat das funktioniert. Wenn auch nicht in dieser Wohnung. Ich stand immer auf dem Standpunkt, ich ziehe dahin, wo Arbeit ist. Jetzt steht Beziehung an, also ziehe ich dahin, wo meine Beziehung ist.

♥ **Susanne:** Silvester feiern wir in der neuen Wohnung. Zwischen Kisten und Kartons. Jetzt sind alle Möbel und Sachen, die wir mitnehmen wollten, hier in Grünwald. Wir nutzen den Silvestertag, um wenigstens das Wohnzimmer so weit klar zu machen, dass wir am Abend unsere Freunde Tina und Frank empfangen können, die mit uns ins neue Jahr feiern wollen. Tagsüber gehen wir eine Runde in unserer neuen Nachbarschaft spazieren –
und sind fasziniert. Eine Villa neben der anderen. Imposante Häuser, ausgefallene Baustile, von mediterran über bayerisch bis ultramodern, riesengroße schöne Gärten. Eine inspirierende Gegend. Wir genießen das Flair, auch wenn heute Nieselregen vom Himmel fällt. Hier werden wir noch oft spazieren gehen.
Abends feiern wir mit Tina und Frank mit leckerem Fondue den Abschied von diesem verrückten Jahr 2011. Zwischendurch rufen wir Herbert an, den ich eigentlich auch einladen wollte, der aber mit einem Hexenschuss zu Hause geblieben ist. Auch wenn wir nur eine kleine Runde sind, haben wir viel Spaß und genießen die Atmosphäre in unserem riesigen, gemütlichen Wohnzimmer. Nach dem Essen wagen wir einen Ausblick auf 2012. Ich habe mir drei Dinge für das neue Jahr vorgenommen, die ich an diesem Abend noch einmal aufschreibe:

- **Ich will ein Baby.**
- **Ich will endlich das Buch über Sex und Gesundheit schreiben, über das ich seit Jahren nachdenke.**
- **Ich will mit Frank-Thomas eine Firma gründen.**

Baby, Buch, Business: meine Ziele für 2012. Ich finde, die Zeit um Silvester hat immer etwas Magisches. Ich habe mir zum Jahreswechsel schon oft Ziele gesetzt, mir allerdings noch nie so viele „große" Sachen vorgenommen. Aber ich hatte bisher auch noch nicht den richtigen Partner …

Kurz vor Mitternacht gehen wir mit Wunderkerzen, einem kleinen Knallersortiment und zwei Proseccoflaschen bewaffnet vor die Tür. Es regnet. Kein Mensch auf der Straße. Aus einigen Gärten steigen bunte Raketen in den Himmel. Nachdenklich blicke ich zurück auf die letzten Monate. Vor gut einem halben Jahr war unsere Verlobungsparty am Starnberger See. Fünf Tage zuvor war der legendäre Abend, an dem Frank-Thomas mich fragte: „Wie wär's mit uns beiden?" Bin ich eigentlich mittlerweile in ihn verliebt? Es gibt Momente, in denen es sich so anfühlt. Mit Frank-Thomas ist es anders als früher, wenn ich verliebt war. Mit ihm ist es ruhiger, tiefer, nicht so aufgeregt. Ich fühle mich wohl mit ihm, geborgen. Verbunden. Ich weiß, ich habe alles richtig gemacht im Juni diesen Jahres. Und seither auch. Seit langer Zeit habe ich endlich wieder das Gefühl, dass es wirklich richtig ist. Auch wenn nicht so viele Schmetterlinge in meinem Bauch sind. Es passt. Wir sorgen beide dafür. Mit Frank-Thomas ist meine Welt wie auf den Kopf gestellt. Ich kannte es bisher so, dass man sich in jemanden verliebt und denkt, man würde ihn bis auf den tiefsten Grund seiner Seele kennen, um dann im Laufe der Zeit festzustellen, dass der andere doch ganz anders tickt als man selbst. Und jetzt habe ich eine Beziehung mit jemandem angefangen, der mir vom Gefühl her eher fremd war und mit dem ich ganz bewusst Dinge tue, die uns verbinden, und ich stelle fest, wir ticken viel ähnlicher als ich dachte. Verrückt.

Wir stoßen zu viert im Regen auf das neue Jahr an. Frank-Thomas und ich küssen uns, und ich sehe in seinen Augen die gleiche Entschlossenheit, die ich auch spüre: „2012 wird unser Jahr!" Wieder im Warmen, machen wir es uns alle vier auf der Couch gemütlich und schauen den Film „Drei". Eine abgefahrene Geschichte über eine Frau und einen Mann, die sich beide in einen Mann verlieben und eine Dreierbeziehung anfangen. Ich bin fasziniert. Tina, Frank und Frank-Thomas schlafen auf dem Sofa ein. Ich mag solche Filme, die nicht alltägliche Geschichten erzählen. Von Menschen, ihren Eigenarten und ihren Beziehungen. Zwischendurch schreibe ich ein paar Neujahrs-SMS an Freunde und Bekannte. Auch an den Jäger, der einer der fünf Männer auf meiner Liste war. Irgendwie muss ich an ihn denken und frage mich, was er wohl mittlerweile tut und wie es ihm geht. Die Frau in dem Film wird am Ende schwanger, sie bekommt Zwillinge, weiß aber nicht, wer von den beiden Männern der Vater ist. Ihre Ärztin erklärt ihr, dass es ganz seltene Fälle von Zwillingsgeburten mit zwei verschiedenen Vätern gibt. Dieser Gedanke fasziniert mich. Geht das wirklich? Spannend. Ich muss mal googeln, ob das wirklich möglich ist, denke ich mir, während auch ich einschlafe. Ich werde wieder wach, als mein Handy klingelt. Ich gehe aber nicht ran. An der Nummer sehe ich, dass es mein Ex-Freund ist, der Jäger. Antwort auf meine SMS. Am Neujahrstag telefoniere ich lange mit ihm. Und ich denke mir, ich würde ihn gern wiedersehen. Wir könnten doch einmal etwas mit ihm zusammen unternehmen. Was ist das nur mit mir und meinen Männern? Ich glaube, meine Hintertüren sind noch nicht ganz geschlossen. Alte Gewohnheiten loszulassen dauert.

SUSANNE & FRANK-THOMAS IN BILDERN

2008 ... wir sind aber nur Freunde!

DAS Bild von der Safari Februar 2008

Der Morgen danach ... auf dem Dach der Lodge Februar 2008

Frank-Thomas, Kapstadt Februar 2008

Susanne mit der grünen Windjacke
Februar 2008

Susanne, Kapstadt
Februar 2008

Safari - Löwenbeobachter, Kapstadt 2008

Susanne ist happy! Februar 2008

Einladung Summer Connection Party Juni 2011

Kurz nach dem Antrag Juni 2011

Der Verlobungs-Kuss Juni 2011

Verlobungsparty Juni 2011

Porschefahren zum Kap
Februar 2012

Porschefahren zum Kap
Februar 2012

Die GmbH ist beschlossene Sache!
April 2012

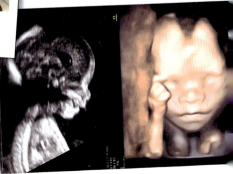

Amadeus zeigt dem Arzt einen Vog
8.8.2012

Die „Rampensau" auf der Bühne -
im 8. Monat schwanger! Oktober 2012

Let's have fun im Europapark
Oktober 2012

Das perfekte gesundgevögelt-
Geburtstagsgeschenk November 2012

Happy Birthday zum 40.!
Finale der gesundgevögelt-Party
am 10.11.2012

Der stolze Papa Januar 2013

Der erste Vortrag mit Baby
(2 Monate alt) Februar 2013

TV-Dreh mit ML mona lisa
Februar 2013

Frank-Thomas: bad guy
Mai 2013, Südafrika

Spaß ...

... beim ...

... Fotoshooting ...

September 2013

Zusammen auf der Bühne
Juni 2013

Susanne Wendel Top Speaker
September 2013

Weihnachten mit zwei (oder drei ...)
Männern Dezember 2013

Abends in der Männer-WG
November 2013

KAPITEL 16

PORSCHEFAHREN ZUM KAP DER GUTEN HOFFNUNG

„Du darfst auch einmal ‚Miss Useless' sein!"
Frank-Thomas zu Susanne, Februar 2012

♥★ **Susanne und Frank-Thomas:** Der Umzug in die neue Wohnung war ein wichtiger Schritt für uns. Zu Beginn des neuen Jahres haben wir beide das Gefühl, unsere Beziehung wird von Tag zu Tag besser. Das Zusammenleben in der gemeinsamen Wohnung funktioniert. Diese Wohnung ist UNSER Zuhause. Niemand fühlt sich fremd, niemand muss einen Kompromiss machen. Das Schlafzimmer ist der Hammer – wenn wir morgens in unserem roten Designerbett aufwachen und auf die schneebedeckten Bäume schauen, beginnt der Tag gleich ganz anders als überall sonst. Wir stellen mit jedem Tag aufs Neue fest: Es macht einen riesengroßen Unterschied, wo und wie man wohnt. Hier sind wir richtig, das ist ganz klar. Hier fühlen wir uns wohl, hier wollen wir bleiben. Das Jahr startet gut, auch businessmäßig – die neue Wohnung inspiriert also auch zum Geldverdienen. Für Februar planen wir, nach Kapstadt zu reisen. Wir verbinden das Angenehme mit dem Nützlichen und kombinieren ein paar Tage Seminarassistenz mit ein paar Tagen Urlaub. Unser Ziel ist schließlich, in diesem Jahr richtig viel Geld zu verdienen und ein Baby zu bekommen. Wir holen uns so viel Inspiration wie möglich. Da kann es nicht schaden, an den Ort zu fahren, an dem wir uns kennengelernt haben.

♥ **Susanne:** Baby, Buch und Business, das sind meine drei Themen für dieses Jahr. Im Januar 2012 folge ich der Empfehlung einer Bekannten und vereinbare einen Termin im Münchner Kinderwunschzentrum, um mich mal komplett durchchecken zu lassen. Immerhin haben wir seit einem halben Jahr Sex ohne Verhütung, aber es hat bisher noch nicht geklappt und ich werde in diesem Jahr 40. Ich möchte wissen, ob mit den Hormonen und auch sonst alles in Ordnung ist. Vielleicht kann ich ja gar nicht schwanger werden, wer weiß das schon? Ich mache einen Termin aus, zwei Monate Wartezeit. Das passt ganz gut in meine Planung, das ist nach unserer Reise nach Kapstadt. Und wer weiß, vielleicht brauche ich diesen Termin dann auch gar nicht mehr. Schwanger zu werden ist für Frauen ja ein passiver Vorgang, und was dabei hilft, ist Entspannung. Also starte ich zum Jahresbeginn das Projekt „Susanne entspannt sich". Ich versuche, mir jeden Tag konsequent zwei Stunden lang etwas Gutes zu tun, spazieren zu gehen, zu lesen, zu schlafen, Sport zu machen, mich massieren zu lassen. Doch das fällt mir zugegebenermaßen verdammt schwer. Zwei Stunden können ganz schön lang werden, wenn man gedanklich gleichzeitig auf ein neues Buchprojekt und Business gepolt ist. Als ich einmal bei einer Kosmetikerin bin, die mich zweieinhalb Stunden lang behandelt, habe ich gegen Ende das Gefühl, ich müsste von der Liege springen, weil es mich zu meinem Laptop zieht. Manche Gewohnheiten sind hartnäckig. Aber Stück für Stück, Tag für Tag schaffe ich es, mich mehr und mehr mit meinem Körper zu verbinden und den rastlosen Geist ein wenig zu beruhigen.

★ *Frank-Thomas:* Ja, Susanne ist schon ziemlich oft auf dem „Business-Kanal". Einfach einmal rumhängen, das macht sie eigentlich nie. Mich stört das nicht, ich will ja auch erfolgreich selbstständig sein und habe viel zu tun. Nur fürs Kinderkriegen ist das wahrscheinlich etwas kontraproduktiv. Für mich ist natürlich klar, dass ich Susanne ins Kinderwunschzentrum begleiten werde. Ich will ja auch ein Kind. Ich mache mir aber erst einmal keine weiteren Gedanken darüber. Ich bin froh, dass wir noch zwei Monate Zeit haben, mir geht ohnehin alles viel zu schnell. Wir sind gerade erst zusammengezogen. Also vergesse ich diesen Termin schnell wieder. Für mich ist in diesem Jahr vor allem wichtig, meine Selbstständigkeit ins Rollen zu bringen. Die Idee, mit Susanne eine Firma zu gründen, finde ich gut, ich habe aber noch keine Ahnung, was das genau werden soll. Ansonsten freue ich mich auf unsere Reise nach Kapstadt, auch wenn sie diesmal nur kurz ist. Ich möchte Susanne gern ein paar Orte zeigen und Menschen vorstellen, die ich im letzten Jahr während meiner dreimonatigen Auszeit kennengelernt habe.

♥ *Susanne:* Februar 2012: In Deutschland sind 25 Grad minus, in Kapstadt 25 Grad plus. Vom tiefsten Winter in den Hochsommer. Vielleicht gehören diese Extreme einfach zu unserem Leben dazu, denke ich mir. Ich finde es sehr interessant, jetzt wieder an dem Ort zu sein, wo wir uns vor vier Jahren kennengelernt haben. Seitdem ist so viel passiert, kaum zu glauben. Jetzt gönnen wir uns ein paar Tage zum Durchatmen. Wir wohnen in einer sehr schönen Golf-Lodge in der Nähe von Camps Bay, deren Besitzer Frank-Thomas letztes Jahr getroffen hat. Pierre ist ein passionierter Harley-Fahrer, der mehrere Maschinen in der Garage stehen hat, die er für Touren vermietet. Unser Zusammensein als Paar klappt auch fern von zu Hause besser als gedacht. Wir merken bei dieser Reise nach Kapstadt wieder einmal, dass wir ein super Team sind und in allen wichtigen Dingen die gleichen Vorstellungen haben. Angefangen bei dem Appartement, in dem wir wohnen, über unsere Auffassung davon, wie wir unsere freie Zeit verbringen wollen, bis hin zu der Entscheidung, welches Auto wir für den Ausflug zum Kap der Guten Hoffnung mieten. Frank-Thomas kennt sich hier gut aus und ich lasse mich von ihm führen, diesmal muss ich nichts bestimmen, lasse ihn den Chef sein. Und das klappt wunderbar.

★ *Frank-Thomas:* Ich freue mich, Pierre und einige seiner Kumpels wiederzusehen. Letztes Jahr haben wir mehrere Motorradtouren zusammen gemacht und sogar einige Touren für Touristen durchgeführt. Dabei habe ich meine Leidenschaft fürs Motorradfahren wiederentdeckt. Davor bin ich einige Jahre nicht mehr gefahren: Zu viel Arbeit, keine Zeit für Spaß. Mit Pierre und seinen Kumpels bin ich zum ersten Mal Harley gefahren und fand es genial. Bis dahin dachte ich immer, Harleys seien nur was für alte Knacker. Dabei macht das Fahren echt Spaß. Für den vorletzten Tag unserer Reise habe ich geplant, mit Susanne zum Kap der Guten Hoffnung zu fahren und ihr ein paar schöne Orte an der Küste zu zeigen. Wir fragen Pierre, der auch eine Autovermietung hat, welchen Wagen er uns für die Tour anbieten kann. Da wir relativ kurzfristig planen und Hochsaison ist, sind bis auf einen kleinen Polo alle Fahrzeuge schon weg. Wir sind schon fast gewillt, den zu nehmen, ich merke aber, dass Susanne damit nicht ganz glücklich ist. Ich kann mich erinnern, dass Pierre noch ein anderes Auto in seiner Garage stehen hat, mit dem wir letztes Jahr einmal gefahren sind, und frage ihn danach. „Ach, Du meinst den alten Porsche? Ja, den kann ich Euch geben für Euren Ausflug. Der ist aber teurer", meint Pierre. „Wie teuer?", erkundigt sich Susanne sofort, und ich sehe das Leuchten in ihren Augen. „Also, 150 Euro muss ich dafür schon nehmen, mit Versicherung und allem", gibt Pierre vorsichtig zu bedenken. „Okay, den nehmen wir", sagen wir beide gleichzeitig. Das ist doch nicht teuer!

♥ *Susanne:* Das mit dem Porsche ist toll! Ich mag schnelle Autos, und Porsche wollte ich schon immer einmal fahren. Und noch dazu ein Cabrio! Es gibt ja wohl kaum etwas Genialeres, als offen durch schöne Landschaften zu brausen. Das wird ein inspirierender Tag und ich freue mich riesig. Unseren Ausflug wollen wir nämlich auch zum Brainstormen nutzen, denn bei uns steht ja dieses Jahr an, unsere gemeinsame Firma zu gründen.
Ausgerechnet an diesem Morgen, es ist der 20. Februar 2012, regnet es in Kapstadt in Strömen. Genau dann, wenn wir Cabrio fahren wollen. Wir lassen uns aber nicht unterkriegen und fahren trotzdem mit dem Porsche los. Das ist wieder etwas, in dem Frank-Thomas und ich uns

einig sind: Gemeckert wird nicht, sondern das Beste daraus gemacht. Die Küstenstraße zum Kap ist auch bei Regen schön. Wir nutzen kurze Regenpausen, um offen zu fahren, denn warm ist es ja. Gegen Mittag lockert der Himmel dann langsam auf. Wir setzen uns in ein Café und ich zücke mein Notizbuch, um ein paar Dinge aufzuschreiben, die mir durch den Kopf gehen. Eigentlich macht es Sinn, unsere Firma rund um meine Vorträge, Bücher und Coachings aufzubauen, denn damit verdienen wir momentan Geld. Wenn wir beide wirklich an einem Strang ziehen, dann wird mein Business durch die Decke gehen, das weiß ich. Bisher war ich viele Jahre lang Einzelkämpferin. Das hat zwar funktioniert, aber die Schaffenskapazität einer einzelnen Person ist begrenzt, und ich verliere mich immer wieder in Projekten, die ich spannend finde, die aber letztlich nichts bringen. Ein wenig Struktur würde mir guttun, und Frank-Thomas wäre perfekt als Manager geeignet. Das würde allerdings heißen, dass er in mein Geschäft mit einsteigt, und das muss ein Mann erst einmal wollen. Ich kenne kaum Paare, wo ER in IHREM Geschäft mitarbeitet. Normalerweise ist das umgekehrt, beispielsweise hat der Mann eine Firma und die Frau arbeitet im Büro mit. Wir wären ziemliche Pioniere! Bei dem Gedanken werde ich ganz aufgeregt. Wir starten bei einem Cappuccino und einem Stück südafrikanischem Käsekuchen damit, uns gegenseitig zu sagen, wo wir die wichtigsten Stärken, Talente und Eigenarten des anderen sehen und an welchen Stellen wir glauben, dass jeder von uns seine Persönlichkeit noch mehr leben kann. Die Listen, die dabei herauskommen, überraschen uns beide. Sie könnten eine Art Leitfaden für unsere Firma werden.

Frank-Thomas über Susanne:
- Top-Speakerin und „Rampensau"
- Die ganz großen Vorträge, 1.000 – 20.000 Zuhörer
- Cabrio fahren
- Klamotten: chic, edel, bunt, auffällig

- Bestseller-Buch
- Inspiration für andere Frauen
- Provokation, polarisieren!
- Sex, weiter forschen
- Susanne Wendel als Marke positionieren
- Skorpion: So, wie ich will, oder gar nicht

Susanne über Frank-Thomas:
- Bodyguard
- Cooles Auftreten
- Klamotten: lässig, cool, chic, keine Anzüge
- Wenige Worte, die sitzen
- Dickes Portemonnaie
- Manager
- Motorrad fahren
- Cabrio fahren
- Chef eines Frauenteams
- Coaching durch klare Ansagen
- Männer-Coach

Wir stellen fest, dass wir auf jeden Fall auch als Paar auftreten wollen, um zu zeigen, dass es in einer Beziehung auch anders geht. Warum nicht Vorträge gemeinsam halten und Seminare zum Thema Beziehungen anbieten? An diesem Nachmittag sind wir sehr kreativ und haben viel Spaß miteinander. Und wieder fühlen wir uns sehr verbunden. Für Frank-Thomas ist es tatsächlich okay, wenn wir erst einmal mit meinen Projekten im Gesundheitsbereich starten. Er wird ein bis zwei Tage pro Woche freiberuflich als Ingenieur tätig sein und die restliche Zeit mich mit meinen Vorträgen und Büchern managen. Wir überlegen, ob es eventuell Sinn macht, gemeinsam eine GmbH zu gründen. Das müssen wir uns aber noch einmal im Detail anschauen. Die grundsätzliche

Richtung ist klar, das ist das Wichtigste! Nachmittags ist strahlender Sonnenschein, wir setzen uns wieder in unser Porsche-Cabrio und fahren Richtung Tafelberg. Ich bin unglaublich inspiriert und glücklich. Was für einen tollen Mann habe ich, was für ein Leben! Abends betrachten wir von einem exklusiven Aussichtspunkt aus, zu dem Frank-Thomas uns fährt, zusammen den Sonnenuntergang. Anschließend trinken wir noch einen Cocktail am Strand und fahren offen unter einem wunderschönen Sternenhimmel zurück zu unserer Lodge. An diesem Tag bin ich richtig verliebt. Der Trip nach Kapstadt setzt einiges in unserem Business und in unserer Beziehung in Bewegung. Zwei Tage später, an dem Tag, an dem wir wieder in München landen, bekomme ich den Auftrag, im Mai bei einer Podiumsdiskussion zum Thema „Gesunde Ernährung" zusammen mit Alfons Schuhbeck aufzutreten. Nur fünf Tage später fällt mir endlich der perfekte Titel für mein neues Buch ein. Er ist nach wochenlangem Brainstormen einfach da – und er ist genial: „gesundgevögelt".

Am ersten März habe ich einen Termin mit meiner Lektorin Isabella. Ich will das Buchprojekt jetzt durchziehen, das war ja eines meiner drei Ziele für dieses Jahr. Der grobe Plan steht: Es soll an meinem 40. Geburtstag erscheinen, am 11.11.2012 – und ich will eine große Party zur Bucherscheinung veranstalten. Das Exposé und die Gliederung habe ich auch schon. Mein Problem ist allerdings, dass ich bisher keinen Verlag gefunden habe. Wie das oft so ist. Wenn man eine wirklich gute Idee hat, will sie erst mal keiner haben. Zum einen springt niemand so richtig auf das Thema an – klar, Sexbücher gibt es haufenweise – und zum anderen bin ich für einen Erscheinungstermin dieses Jahr eigentlich viel zu spät dran. Auch mit dem Titel zögere ich noch ein wenig: Kann ich mein Buch wirklich „gesundgevögelt" nennen? Doch was diesen Zweifel betrifft, komme ich sehr schnell zu dem Schluss, dass ich es nicht nur so nennen kann, sondern sogar muss! Der Titel ist einfach nur genial …

Für das Verlagsthema finden Isabella, Frank-Thomas und ich an unserem Brainstorming-Nachmittag eine Lösung: Wir machen es einfach selbst! Und wir verkaufen es schon im Vorfeld, um so den Druck zu finanzieren. Crowdfunding! Ich bin fasziniert von der Idee.
Ein Bekannter von mir hat einen kleinen Eigenverlag, mit ihm werde ich sprechen, ob er Druck und Distribution übernehmen kann. Die Vermarktung nehme ich ab sofort selbst in die Hand und tätige gleich die ersten Anrufe:
„Hallo, ich schreibe gerade an einem Buch, das heißt ‚gesundgevögelt' und erscheint am 11. November, an meinem 40. Geburtstag. Willst Du es jetzt schon kaufen? Wir schicken es Dir in einem halben Jahr zu."
Zwei Wochen später sind die ersten 50 Exemplare vorab verkauft. Wir lassen eine Internetseite programmieren, auf der man das Buch jetzt schon bestellen und per Paypal bezahlen kann und sich für den Newsletter eintragen kann. Weiterhin basteln wir eine Facebook-Seite, die in kurzer Zeit die ersten „likes" hat.

Auch bei einem Event in Österreich, wo ich einen Gesundheitsvortrag halte, kommt die Idee sehr gut an! Zwar schaut die Organisatorin mich mit großen Augen an und fragt: „Willst Du in Deinem Vortrag wirklich ein Buch mit so einem Titel vorstellen? Die sind alle total konservativ hier …" Aber von wegen: Meine selbstgebastelten Vorbestellzettel finden reißenden Absatz und die ersten zehn „gesundgevögelt"-Exemplare kauft der örtliche Fremdenverkehrsverein als Weihnachtsgeschenk für gute Kunden …

KAPITEL 17

„FRAU WENDEL, ICH HABE IHREN PLAN!"

„Bitte am Freitag GV, am Samstag die Spritze und am Sonntag noch einmal GV ..." Frau Wendel vom Kinderwunschzentrum München-Pasing

♥ **Susanne:** Am 19. März 2012, vier Tage nach dem Event in Österreich, sitzen Frank-Thomas und ich im Wartezimmer des Kinderwunschzentrums. Ich bin noch immer nicht schwanger geworden und will mich jetzt erst einmal über die Möglichkeiten beraten lassen, dann können wir weitersehen. Hier ist richtig viel los, ich wundere mich. Viele Paare, auch viele junge Leute. Bin ich schon so alt? Nach kurzer Wartezeit holt uns die Ärztin, dann geht es gleich los: Die theoretischen Möglichkeiten sind schnell dargelegt, die Ärztin stellt mir gefühlte 500 Fragen und erklärt mir dann, dass sie für eine ausführliche Diagnose auch Blut abnehmen und verschiedene Hormone und Blutwerte messen will. Erst dann kann sie mir sagen, wo ich überhaupt stehe. In diesem Moment muss ich schlucken. Ich zögere. Die hohe Selbstbeteiligung bei meiner Krankenversicherung kommt mir in den Sinn, und ich weiß, diesen Spaß hier muss ich komplett selbst bezahlen. Mist, soll ich das tatsächlich machen? Will ich eigentlich wirklich ein Kind? Einen kurzen Augenblick lang befallen mich starke Zweifel. Die Ärztin schaut mich an. Frank-Thomas schaut mich an. „Mach's ruhig", sagt er nur. Ich schlucke noch einmal und rücke mich gerade. Dafür bin ich schließlich hier, um mich durchchecken zu lassen, weil ich ein Baby will. Ich merke deutlich, dass dies ein ganz entscheidender Moment ist. Vorher war das mit dem Baby reine Theorie. Jetzt geht es um die Praxis. In diesem Augenblick treffe ich eine Entscheidung, die den Rest meines Lebens verändert. Eine kraftvolle Entscheidung. Wieder einmal. Ja, ich will ...

Ich willige also ein und diese allererste Untersuchung zeigt einen Tag später: Ich kann schwanger werden, aber ich sollte nicht mehr lange damit warten. Die Ärztin drückt es so aus: „Es wäre angebracht, jetzt Gas zu geben." Ich bin bereit, alles zu tun, was sie mir sagt. Ich soll in drei Tagen wiederkommen, damit noch einmal Blut abgenommen und ein Hormonprofil erstellt werden kann. Anhand dessen wird der ungefähre Zeitpunkt des nächsten Eisprungs berechnet, und ich bekomme eine Spritze und ein Rezept für ein eisprungauslösendes Medikament mit nach Hause. Ich finde das richtig spannend. Hätte ich nicht gedacht, dass ich eines Tages einmal im Kinderwunschzentrum lande. Wer weiß, wofür das alles gut ist. Ich bin jedenfalls guter Dinge.
Drei Tage später, an einem sonnigen Donnerstagnachmittag fahre ich morgens hin zum Blutabnehmen und bekomme nachmittags einen filmreifen Anruf. Eine Arzthelferin, die lustigerweise den gleichen Nachnamen hat wie ich, instruiert mich am Telefon: „Hallo, Frau Wendel, hier ist auch Wendel, ich rufe an vom Kinderwunschzentrum, und ich habe Ihren Plan fürs Wochenende!"
Ich frage sie, was genau sie mit Plan meint, und sie fährt fort: „Bitte haben Sie morgen GV, Samstag geben Sie sich die Spritze und Sonntag noch einmal GV."
„GV?", frage ich.
„Geschlechtsverkehr", sagt sie, und ich kann mir ein Lachen nicht verkneifen. So nennen die das? Ich höre sie durchs Telefon schmunzeln. Ja, natürlich, ich soll es so machen und dann abwarten, was passiert. Abgefahren. Das geht jetzt aber schnell. Sex nach Plan, das hatte ich bei allen meinen sexuellen Abenteuern noch nicht. Ich erzähle es Frank-Thomas und er grinst breit. Kein Problem, das machen wir. Also ist das Programm für Freitag- und Sonntagabend klar: Sex. Am Samstag wollen wir mit einem Groupon-Gutschein essen gehen. Wir machen es uns an diesen beiden Abenden besonders gemütlich in unserem Schlafzimmer, hören unsere Lieblingsmusik und tun, wovon uns Freunde erzählt

haben, dass es zusätzlich helfen soll, um schwanger zu werden: Sex in der Missionarsstellung, bei der zuerst der Mann und dann die Frau kommt. Und hinterher die Beine ein wenig hochlegen. Die „Kerze" und andere Turnübungen spare ich mir.

★ *Frank-Thomas:* Dieser Termin im Kinderwunschzentrum hat bei mir gemischte Gefühle ausgelöst, das muss ich zugeben. Einerseits will ich ja ein Kind, aber muss das wirklich so schnell gehen? Da sitzen wir bei der Ärztin und ein paar Tage später kommt der Anruf und dann geht's schon los. Ich habe mir gedacht, okay, wir machen jetzt einfach diese Untersuchungen, um sicherzugehen, dass alles in Ordnung ist. Schaden kann es nicht. Ich lasse mich darauf ein, was bedeutet, dass ich mich auch untersuchen lassen muss. Dafür mache ich gleich am nächsten Tag einen Termin bei einem Urologen aus. Ich bin ja bisher noch nicht Vater, woher soll ich wissen, ob bei mir alles in Ordnung ist? Der Urologe schickt mich zu einem speziellen Labor.

Dieses Labor, das meine Spermien untersucht, ist ein echtes Erlebnis. Es liegt in einem Gewerbegebiet, und ich wundere mich bei der Anfahrt die ganze Zeit, ob ich hier tatsächlich richtig bin. Kaum habe ich das Labor betreten, drückt mir die Helferin auch schon ein Glas in die Hand. Dann schickt sie mich auf ein zugiges, eiskaltes Klo. Nicht besonders inspirierend. Dort soll ich auf Kommando eine Spermaprobe abliefern. Ohne Filmchen, Poster, Zeitschriften oder irgendetwas Inspirierendes. Mann, ist das übel!

Das mit dem Sex nach Plan finde ich hingegen witzig. Wir haben unsere Beziehung schon ganz anders angefangen als das normal üblich ist, also können wir das Thema Kinderkriegen auch anders angehen.

Während dieses ‚Plan-Sex' in unserem Schlafzimmer bei Kerzenschein habe ich einmal kurz einen winzig kleinen Gedankenfunken, DAS könnte jetzt der Auslöser für unseren Nachwuchs sein. Ansonsten ist das alles nicht viel anders als sonst, vielleicht bewusster.

♥ **Susanne:** An dem Montag nach unserem Plan-Sex-Wochenende habe ich einen Termin bei meiner neuen Frauenärztin in Grünwald. Ich brauche jemanden, der mich vor Ort betreut, außerhalb der Ärzte im Zentrum. Im Ultraschall sieht man, dass der Eisprung stattgefunden hat. Es sieht aus wie auf einem Trümmerfeld. Ich bin fasziniert von der hohen Bildauflösung. Man kann natürlich noch nicht sehen, ob es geklappt hat, aber ich bin unglaublich neugierig. Wenn ja, wäre das hier ja quasi mein erster Schwangerschaftsultraschall. Direkt nach der Zeugung. Hat auch nicht jeder. Ich finde das super. Zwei Wochen später bleibt meine Periode aus. Ich gehe wieder zu meiner Ärztin – und bin enttäuscht, denn der Test ist negativ. Sie macht ihn zweimal. Doch so richtig glauben will ich das nicht. Ich denke mir, wahrscheinlich war es für ein aussagekräftiges Ergebnis noch zu früh, und kaufe ein paar Tage später einen Test für zu Hause. Und der ist positiv!

Ich komme morgens von der Toilette und bin wie hypnotisiert. Es hat geklappt. Der Test ist positiv. Ich bin schwanger. In diesem Moment bin ich unglaublich gerührt. Ein paar Tränen laufen über meine Wangen, ich kann es kaum glauben. Ich fühle mich erleichtert, fröhlich, aufgeregt, gerührt, ängstlich, alles auf einmal. Der Moment ist anders, als ich es mir vorgestellt hatte. Es ist eine stille Freude. Ich werde nicht ohnmächtig vor Glück, muss nicht laut schreien oder schluchzen, ich lächle einfach still in mich hinein und empfinde Frieden.

Tief in meinem Inneren wusste ich es schon an diesem ganz speziellen Wochenende: An einem der beiden Abende hat sich eine neugierige Seele auf den Weg zu uns gemacht ...

Wir sind schwanger!

Ich zeige Frank-Thomas das Teströhrchen mit dem Kreuz. Er lächelt mich an und umarmt mich. Wir stehen einen langen Moment umschlungen da. Jetzt beginnt ein neuer Lebensabschnitt. Ein ganz neuer. An diesem Morgen steigen langsam zwei Gefühle in mir auf, von denen ich vermute, dass sie mich nie mehr loslassen werden. Tiefe Liebe für das, was da in mir entsteht. Und Angst, dass damit irgendetwas nicht in Ordnung sein könnte. Die Business-Lady wird Mama.

★ *Frank-Thomas:* In den ersten drei Wochen nach dem Plan-Sex-Wochenende habe ich nicht viel über die möglichen Konsequenzen dieser beiden Abende nachgedacht. Zwischendurch ist zwei-, dreimal ganz kurz die Idee aufgetaucht, ich könnte jetzt vielleicht tatsächlich Vater werden, aber die ist genauso schnell verschwunden, wie er gekommen ist. Erst als Susanne an diesem Freitagmorgen mit dem Schwangerschaftstest aus dem Bad kommt, trifft es mich mit Wucht: Ich werde Papa. Ich bin unendlich glücklich. Ich weiß, das wird jetzt alles noch einmal ändern. So viele Jahre habe ich mir gewünscht, Vater zu werden, und jetzt – mit 43 – soll es endlich wahr werden. Ich bin gerührt. Hammer!
Am selben Nachmittag ruft mich mein Urologe an und gratuliert mir, bei mir sei alles in bester Ordnung. Ich grinse und gratulierte ihm meinerseits zu seiner guten Arbeit. „Den Beweis hat meine Frau heute morgen in Händen gehalten", sage ich ihm. Es ist schon faszinierend: Susanne und ich, wir haben beide noch einmal eine richtig große Entscheidung für ein Kind getroffen, und dann klappt es sofort – innerhalb von fünf Tagen!

KAPITEL 18

ALLES AUF EINMAL: BABY, BUCH & BUSINESS

„Die meisten Leute würden uns wahrscheinlich raten: Macht erst einmal eins nach dem anderen. Wir machen alles gleichzeitig. Dadurch werden die einzelnen Dinge nicht schlechter, sondern besser."
Susanne, im Sommer 2012

♥ **Susanne:** Am Freitag, dem 13. April 2012, erfahre ich, dass ich schwanger bin. Bei mir hat offensichtlich immer alles mit denkwürdigen Zahlen zu tun, stelle ich fest. Denn nun könnte unser Baby am 12.12.12 auf die Welt kommen oder am 21.12.12, denn der ausgerechnete Geburtstermin ist der 16. Dezember. Am 21. Dezember soll die Welt untergehen, sagt der Maya-Kalender. Das wird ja noch spannend dieses Jahr … Dieser Freitag der 13., ist jedenfalls ein wunderschönes Datum!

Ich bin schwanger. Es hat tatsächlich geklappt.

In dem Moment, in dem ich das Ergebnis sehe, beginnt die Übelkeit. Und mein Kreislauf sinkt in den Keller. Aber damit kann ich leben Ansonsten ändert sich erst einmal gar nichts. Ich mache so weiter wie bisher, wenn ich ehrlich bin, sogar mit noch mehr Motivation als vorher. Das nächste Projekt ist „gesundgevögelt". Ich sollte langsam anfangen, es zu schreiben. Schließlich soll es zu meinem 40. Geburtstag, am 11.11., erscheinen. Einen Monat vor dem Baby. Und nicht wenige haben das Buch bereits gekauft! Eine grobe Gliederung gibt es schon und erste Probetexte auch. Ich habe eine Zeit lang gebraucht, um mich mit dem Gedanken anzufreunden, ein Buch über Sex zu schreiben –
ich bin ja schließlich keine Sexualtherapeutin, sondern Ernährungswissenschaftlerin, und seriös. Das habe ich zumindest gedacht – nun

denke ich es nicht mehr. Ich weiß jetzt, worüber ich schreiben will. Frank-Thomas und ich gehen am 14. April – einen Tag, nachdem wir erfahren haben, dass ich schwanger bin – zusammen auf eine Fetischparty. Zu Recherchezwecken, hauptsächlich. Ich habe vor, an dem Abend ein paar Leute für mein Buch zu interviewen. Ja, wir sind wirklich durchgeknallt. In den letzten Monaten waren wir schon dreimal auf solchen Partys und immer wieder bin ich fasziniert, wie locker Frank-Thomas das alles sieht. Vielmehr glaube ich, er hat sogar langsam richtig Spaß an diesen Abenden. Und für mich ist es tatsächlich so, dass ich mich in diesem Ambiente, in dem ich mich entspannen kann, jedes Mal ein wenig verliebt fühle. Ich habe wirklich das Gefühl, die Liebe zu ihm entwickelt sich durch unsere gemeinsamen Aktivitäten, vor allem durch diejenigen, die mit Sex zu tun haben. Stück für Stück. Weil es keine Diskussionen über alles gibt, sondern wir die Dinge einfach ausprobieren. Weil ich so sein kann, wie ich bin.

Dieses neue Verliebtsein, das aus der Entspannung und dem gemeinsamen Entdecken kommt, ist ganz anders, als ich es bisher kannte. Es ist wie ein kleines Pflänzchen, es wächst und gedeiht, wenn es in der richtigen Umgebung ist und den passenden Dünger bekommt.

Wenn ich so darüber nachdenke, hatte Verliebtsein für mich bisher vor allem damit zu tun, dass meine Erwartungen erfüllt wurden.

Der Text über diese spezielle Party am 14. April, der dann in „gesundgevögelt" ganz hinten stehen wird, ist einer der ersten, die ich für dieses Buch schreibe. Ich bin aber noch weit davon entfernt, durchgängig jeden Tag und mit Disziplin daran zu arbeiten, was für ein Buch definitiv erforderlich ist. Denn es gibt ja noch unser drittes „kleines" Projekt, unsere Firma.

Businessmäßig macht jeder von uns noch sein eigenes Ding, wir haben es noch nicht geschafft, unsere Kräfte zu bündeln. Obwohl wir es beide gerne wollen. Wir wissen aber nicht, wie wir das genau machen sollen. Auf unserer Porschetour in Kapstadt haben wir vieles klar gesehen, doch jetzt im Alltag und vor allem mit meiner realen Schwangerschaft sieht das alles wieder anders aus. Verständlicherweise gibt es von beiden Seiten noch jede Menge Bedenken. Meine sind: Warum soll ich eigentlich eine neue Firma gründen, ich habe doch schon ein gut laufendes Business. Besonders eine GmbH bedeutet einen hohen zusätzlichen organisatorischen und auch monetären Aufwand. Brauchen wir das überhaupt? Wir müssten dann auf jeden Fall mehr Umsatz machen als bisher. Die Frage ist, womit? Und woher das Geld für die Einlage nehmen? 25.000 Euro habe ich nicht gerade in der Portokasse. Immerhin finden wir heraus, dass man nur die Hälfte tatsächlich einzahlen müsste – also 12.500 Euro. Das wären, wenn wir uns das teilen, immer noch 6.250 Euro für jeden. Und die habe ich gerade auch nicht übrig. Zwar habe ich in den letzten Jahren gut verdient, aber auch immer gleich wieder investiert und nichts gespart. Natürlich wär's genial, mich Geschäftsführerin nennen zu können, aber ist es das wirklich wert? Irgendwie sehe ich meinen Nutzen an der ganzen Sache noch nicht. Und wenn ich ehrlich bin: Frank-Thomas ist für mich ein überhaupt nicht kalkulierbarer Faktor! Ich habe mir in den vergangenen Jahren mit viel, viel Aufwand und Engagement einen Namen auf dem Markt gemacht und gute Kunden an Land gezogen, und jetzt habe ich ein wenig das Gefühl, ich muss wieder von vorn anfangen. Und viel Geld investieren, um eine Firma zu gründen – mit jemandem, den ich noch nicht wirklich einschätzen kann. Puuuhhh ... Mit Business-Kooperationen habe ich bisher eher schlechte als gute Erfahrungen gemacht, weil sich eigentlich immer jemand benachteiligt fühlt. Es hinzukriegen, dass beide voll mitspielen, ist eine riesengroße Herausforderung. Und das Geld gerecht zu verteilen, wenn es denn reinkommt, ist noch schwieriger. Wie kann Frank-Thomas sich in mein Geschäft einbringen, sodass es ihm und mir wirklich Spaß macht? Denn nur so macht es Sinn: Dass er in meinem Business mitarbeitet. Wir sind noch nicht einmal ein Jahr lang zusammen, haben uns auch als Liebespaar noch längst nicht gefunden – und ich werde noch dazu in einigen Monaten ein Baby bekommen. Mit 40. Ist es jetzt in dieser Situation überhaupt sinnvoll, parallel noch eine GmbH zu gründen? Ein Bekannter von mir hat einst gesagt, eine GmbH mit jemandem zu haben sei schlimmer als heiraten, und man komme da auch schwerer wieder raus als aus einer Ehe.

Es gibt durchaus Momente, in denen ich mich frage: Wollen wir überhaupt so eng zusammensein? Es hat ja einen Grund, dass viele Paare bewusst Beruf und Privates trennen.

Aber vielleicht liegt das nur daran, dass diese Paare sich nie wirklich etwas trauen? Oder dass es sie einfach nicht interessiert, Unternehmer zu sein? Das ist ein bestimmter Lebensstil, den man mögen muss. Es könnte auch anders herum sein: Vielleicht ist ein gemeinsames Business ein guter Weg, um überhaupt erst als Paar richtig zusammenzuwachsen?
Man muss sich jedenfalls intensiv mit dem anderen auseinandersetzen, viel mehr, als wenn man nur über die üblichen „Was-machen-wir-am-Wochenende?"- oder „Wohin-fahren-wir-in-Urlaub"-Fragen diskutiert. Mich beschäftigen viele Fragen. Als Paar hat man genau so viele blinde Flecken wie als einzelne Person, daher beschließen wir, uns Unterstützung von unserem gemeinsamen Coach Sonja Becker zu holen und uns als Paar zusammen coachen zu lassen und ein faires Business-Modell zu entwickeln.

★ *Frank-Thomas:* Ich habe auch eine ganze Menge Bedenken, was die gemeinsame Firma betrifft, das gebe ich zu. Ich habe in diesem Jahr an-

gefangen, freiberuflich im Aufzugsbereich zu arbeiten, da war ich früher lange angestellt und kenne mich aus. Es kommen zwar gleich erste Aufträge rein, zum Leben reicht das aber noch nicht. Ehrlicherweise wüsste ich momentan gar nicht, wo und wie ich Susanne unterstützen sollte. Sie hat ihre Kunden und Projekte, macht ihre Sachen, und das seit vielen Jahren, und meine Rolle dabei kann ich noch nicht so recht erkennen. Ich weiß auch nicht, ob sie mich da überhaupt ranlässt – einmal ganz abgesehen von der Einlage für die GmbH, von der ich auch nicht weiß, wie wir das hinkriegen wollen. Lust, mit Susanne zusammenzuarbeiten, hätte ich schon, nur habe ich eben keine Ahnung, wie das genau gehen soll. Unsere Visionen aus Kapstadt sind ziemlich in den Hintergrund gerückt. Gleichzeitig ist uns beiden klar: Etwas Neues und vor allem Größeres entsteht nur, wenn wir ein richtiges Team werden und beide volle Pulle das gleiche Spiel spielen. Wir kennen kaum andere Paare, die zusammen ein Business betreiben. Das übliche Lebensmodell ist ja: Beide sind angestellt, und wenn die Frau ein Baby bekommt, geht sie in Mutterschutz, dann in Elternzeit und arbeitet später halbtags weiter. Manchmal geht auch der Mann in Elternzeit. Wie funktioniert das denn bei Geschäftsleuten und Selbstständigen? Wir suchen nach Vorbildern. Bei denjenigen, die wir finden, hat meistens der Mann eine Firma und die Frau arbeitet bei ihm mit. Und wenn sie ein Baby bekommt, reduziert sie ihre Tätigkeit. Doch bei uns ist das Ganze anders gelagert.
Susanne ist wesentlich länger selbstständig, sie hat schon ein bestehendes Geschäft und verdient logischerweise auch mehr. Aber es kommt für keinen von uns beiden infrage, dass Susanne nach der Geburt des Babys weiterarbeitet, als wäre nichts gewesen, und ich Hausmann werde.

Nein, wir wollen beide beides!

Die gemeinsame Coaching-Sitzung bei Sonja unterstützt uns dabei, eine faire Lösung zu finden. Mit ihr zusammen schauen wir uns ganz konkret die Zahlen und Projekte an. Womit verdienen wir aktuell Geld, wer bringt wie viel ein, welches sind neue Projekte, die wir zusammen entwickeln und durchführen können? Der Kern unserer GmbH werden Vorträge, Bücher und Seminare im Gesundheitsbereich sein, dazu Coaching rund ums Thema Selbstständigkeit sowie von meiner Seite Beratungsleistungen als Ingenieur im Aufzugsbereich. Das hat zwar nichts mit Gesundheit zu tun, können wir aber unter „Consulting" verbuchen. Events nehmen wir auch noch mit rein, wir planen ja im November die große „gesundgevögelt"-Buchparty. Susanne ist bei dem Ganzen die Frontfrau, hält die Vorträge, schreibt die Bücher, widmet sich der Kundenakquise. Ich werde mich um alle organisatorischen Dinge kümmern: Angebote und Rechnungen schreiben, Kundengespräche nachfassen, Buchhaltung machen, das Internetmarketing organisieren. Darauf habe ich Lust und das kann ich gut. Organisieren und Managen sind meine Stärken und Dinge, die mir Spaß machen. Sonja ist als Coach unparteiisch und kann neutrale Empfehlungen geben, wie eine Lösung zwischen uns beiden als gleichwertige Geschäftspartner aussehen kann. Sie gibt zu bedenken, dass Susanne sich bereits einen Namen und Kundenstamm aufgebaut hat, ich noch nicht. Auf Augenhöhe und fair wäre, wenn ich die gesamte Einlage in die GmbH einzahlen würde. Weil ich dann mehr Verantwortung übernehmen würde und nicht nur jemand wäre, der irgendwelche Aufgaben erledigt. Ein interessanter Impuls, den ich erst noch verdauen und mir überlegen muss. Fakt ist, früher hätte ich mich nie im Leben auch nur auf so einen Gedanken eingelassen. Ich hätte das ganze Projekt mit Besserwisserei und schlauen Sprüchen platt gemacht, wie Männer das ja gern tun. Doch in den letzten Jahren habe ich mich bereits mehrfach darin geübt, auch einmal nachzugeben und nicht gleich dagegen zu reden, wenn mir jemand etwas vorschlägt. Ich habe immer wieder erlebt, dass sich das ziemlich gut anfühlt, weil man einfach viel mehr bekommt als durch Diskutieren und Draufhauen. Und letztlich stimmt es: Das Wichtigste in einem Unternehmen ist nun einmal, dass es Kunden gibt und der Geldquell sprudelt! Die Kunden zu managen und alles zu organisieren ist der zweite Schritt. Die Entscheidung meinerseits ist trotz aller Bedenken schnell gefällt. Meine Neugier ist größer. Ich habe mich mit unserer Verlobung schon weit aus dem Fenster gelehnt und es hat funktioniert. Warum soll es jetzt nicht auch klappen? Ich weiß zwar immer noch nicht genau, wie ich das Geld organisieren soll, aber ich sage Susanne ein paar Tage später bei einem Glas Prosecco, dass ich die Einlage komplett übernehmen und ihr ihren Anteil schenken werde. In diesem Moment sieht sie so aus, als würde die Last eines ganzen Berges von ihren Schultern fallen. Offensichtlich hat dieses Thema auch sie in den letzten Tagen ziemlich beschäftigt.

Sie strahlt mich an – und das motiviert mich ungemein.

Ja, ich werde das hinkriegen. Wir werden das hinkriegen!

♥ **Susanne:** In dem Moment, in dem Frank-Thomas mir das mit der Einlage sagt, vergesse ich alles – auch den kleinen Untermieter in meinem Bauch – und trinke zwei Gläser Prossecco. Frank-Thomas' Großzügigkeit macht mich unglaublich glücklich und nimmt sehr viel Druck von mir. Seit Jahren verdiene ich mein eigenes Geld und sorge für mich – und jetzt spüre ich auf einmal, da ist jemand, der auch für mich sorgen will. Das habe ich in keiner meiner vorherigen Beziehungen erlebt, und ich kann es kaum fassen. In zwei Monaten, im August, werden wir den Notartermin haben, um die GmbH anzumelden und ins Handelsregister eintragen zu lassen. Vorher wird Frank-Thomas sich um alles kümmern, was dafür noch zu organisieren ist. Den Namen für unsere Firma zu finden, fällt uns ähnlich leicht wie den für unseren Sohn:

Health & Fun GmbH wird das eine Baby heißen, Julius Amadeus das andere.

Ich weiß nicht, ob viele Frauen das machen würden – als Schwangere im sechsten Monat eine GmbH gründen. Vielleicht ist das der totale Wahnsinn, vielleicht aber auch genau das Richtige für uns beide. Unsere Geschichte ist ohnehin schon so ungewöhnlich, warum nicht in diesem Stil weitermachen? Ich stelle immer häufiger fest, dass viele Dinge Erfolg haben, wenn man sie genau anders herum macht, als die gesellschaftliche Mehrheit denkt und sagt. Ich weiß, wir werden das schaffen. Wir wollen es schließlich beide. Die Schwangerschaft macht mir keine Angst und auch keinen Stress. Ich fühle mich gut und bin zuversichtlich, dass das auch so weitergeht. Und diese dauernde Übelkeit wird ja wohl irgendwann wieder aufhören. Ich werde das alles durchziehen, trotz aller Bedenken und Horrorgeschichten, die ich immer wieder über Schwangerschaften höre und lese. Schwanger zu sein ist doch keine Krankheit! Klar, ich bin nicht so fit wie sonst, ich habe gelegentlich auch Stimmungsschwankungen, aber mein Gott, was soll's? Für Launen und dafür, mich und mein Umfeld verrückt zu machen, habe ich keine Zeit. Vielleicht ist es auch ein Vorteil, Kinder erst in meinem Alter zu bekommen, weil man dann einfach gelassener ist. Ich nehme Vitamine und Omega-3-Fettsäuren, entspanne mich so oft wie möglich, fahre viel Fahrrad im Wald und freue mich jedes Mal, wenn ich bei meiner Frauenärztin bin und einen Blick auf das Ultraschallbild werfen kann. Man kann jetzt deutlich sehen, dass es ein Junge wird, und er ist schon ganz schön aktiv. Beim Spezial-Ultraschall in der 22. Woche äußert der Arzt ein paar Bedenken wegen irgendeines Wertes, der zu hoch sei, und verschreibt mir ein Medikament. Auf dem Ultraschallbild kontert Amadeus die Einschüchterung des Arztes: Er hält davon offensichtlich gar nichts und zeigt dem Arzt mit seinen winzigen Fingerchen einen Vogel. Wir lachen herzlich.

Mit dem Buch komme ich auch weiter, wenn auch nur langsam, weil es einfach noch so viel anderes zu tun gibt. Ich habe in diesem Sommer viele neue Coaching-Kunden und es stehen außerdem einige Vorträge und Seminare an. Im Juli bekomme ich eine Anfrage von einer Bank, Ende Oktober bei einem Großevent mit über 1.000 Frauen zu sprechen. Dann werde ich im achten Monat schwanger sein und einen dicken Bauch haben. Egal, das lasse ich mir auf keinen Fall entgehen und sage zu. Im November wird es noch einen Vortrag in Österreich und einen in Stuttgart geben. Und Frank-Thomas und ich basteln an einem Seminar, das unser erstes richtiges gemeinsames Projekt werden soll. Ein Coaching-Jahresprogramm, worauf wir beide Lust haben. Wir sind uns noch nicht ganz klar über das Thema, es soll etwas für Leute sein, die ebenfalls Top-Speaker werden wollen. Das Programm soll auch im Herbst starten. Frank-Thomas sorgt dafür, dass ich bei allen möglichen Speaker-Agenturen gelistet bin und überarbeitet meine Homepage. Wir richten ein neues Newsletter-System ein und beschließen, dort regelmäßig interessante Infos und Tipps rund um Gesundheitsthemen zu veröffentlichen. Die Klickrate auf www.susanne-wendel.de steigt und meine Energie sprüht! In diesem Sommer stelle ich fest: Ein halbes Jahr lang Fokus auf meine drei Ziele Baby, Buch und Business, das hat funktioniert! Mit allen dreien komme ich gut voran und meine Beziehung mit Frank-Thomas entwickelt sich ganz nebenbei.
Die Planungen und auch die Klarheit in Bezug auf unsere Firma motivieren und verbinden uns sehr stark. Ich kann es nicht anders sagen: Diese Beziehung wird immer besser, denn wir wollen einfach das Gleiche!

KAPITEL 19

HOCHSCHWANGERE HÖHEPUNKTE

„Wenn es mir noch besser ging, würde ich es nicht mehr aushalten!"
Susanne, November 2012, zu ihrem 40. Geburtstag

♥ **Susanne:** Im Sommer 2012 wachsen mein Bauch und mein Buch gleichermaßen, und ich habe den Eindruck, je weiter meine Schwangerschaft voranschreitet, je mehr das Buch wächst und je näher der Tag der GmbH-Gründung rückt, desto ruhiger, klarer und glücklicher werde ich. Die vier Monate andauernde Übelkeit habe ich inzwischen überwunden, mir geht es fantastisch. Ich bin mittlerweile sehr kreativ geworden, was ich abends anstelle von einem Glas Wein trinken kann, und ich versuche, so viel Sport wie möglich zu machen. Auch wenn ich nach einer Radtour auf dem traumhaften Weg entlang der Isar von Grünwald nach München City ziemlich platt bin. Ich genieße die Schwangerschaft und erlebe jeden Tag bewusst, was sich an meinem Körper verändert und wie es mir geht.
Der August gehört mir und dem Buch. Frank-Thomas hält mir den Rücken frei, kümmert sich um alles, was bezüglich der GmbH-Gründung und meiner restlichen Termine zu organisieren ist, und ich kann richtig lockerlassen. Ich muss jetzt Gas geben und konzentriere mich nur noch auf das Schreiben. Ich schaffe es, eine neue Gewohnheit zu installieren: Morgens fange ich noch im Bett an, Texte für das Buch zu schreiben, Frank-Thomas bringt mir eine Tasse Tee, und ich lege los. Das ist eine große Herausforderung, denn normalerweise lese ich morgens als erstes meine E-Mails. Anfänglich ist es wirklich eine Umstellung, die mir gar nicht so leichtfällt: Anstelle der E-Mails ein Word-Dokument zu öffnen. Verrückt, oder? Welchen „Süchten" man heutzutage erliegt. Was das betrifft, habe ich in Frank-Thomas einen guten Manager, der mich

immer wieder daran erinnert, was meine Priorität des Tages ist. Ein Buch kann man nur mit Fokus schreiben, und ich habe nur noch diesen einen Monat. Anfang September muss das Manuskript fertig sein, damit ich die gedruckten Bücher kurz vor meinem Geburtstag in den Händen halten kann. Ich habe einen Vertrag über 10.000 Euro Druckkosten unterschrieben. Mit Pressearbeit, Website-Programmierung, Lektorat und Grafik werden wir noch einmal die gleiche Summe drauflegen. Das ist durchaus eine große Nummer, die unsere frisch gebackene GmbH im Herbst zu stemmen hat. Doch ich weiß einfach, dass das Buch laufen wird. Wir haben mittlerweile schon über 150 Stück vorverkauft, obwohl ich es gerade erst schreibe und auch gar nicht mehr so wahnsinnig stark beworben habe. Es ist herrlich, jeden Tag einfach nur zu schreiben! Ich sitze stundenlang mit dem Laptop auf dem Balkon, gehe zwischendurch in Grünwald spazieren, fahre manchmal mit dem Fahrrad oder lasse einfach nur meinen Bauch von der Sonne bescheinen. Ich bin immer noch erstaunt, wie angenehm das Leben mit Frank-Thomas in unserer neuen Wohnung ist. Es gibt keine sinnlosen Streitereien, keine Diskussionen, keine Reibungsverluste. Ich kann einfach ich selbst sein, muss mich nicht verstellen oder anpassen oder irgendeine Art von Kompromiss eingehen. Außer natürlich darauf zu achten, dass ich die Marmeladengläser ordentlich zuschraube und noch ein paar andere Kleinigkeiten … Ja, ich kann mit ihm als Partner sogar ein Buch über meine sexuelle Vergangenheit schreiben. Ich bin mir sicher, das würde nicht jeder Mann mitmachen. Aber mit einem Partner, der wirklich auf Augenhöhe ist, geht das tatsächlich. Und Frank-Thomas wusste, auf wen und was er sich einlässt – und wollte es. Um den passenden Partner zu finden, muss man natürlich erst einmal wissen, wer man selbst ist und was man im Leben will.

Ich sitze schwanger auf dem Balkon und schreibe über meine Erlebnisse in Swingerclubs, über meine Erfahrungen mit diversen Liebhabern, über meine Besuche auf Fetischpartys und was mir dabei so durch den Kopf geht. Das ist schon echt abgefahren. Es gibt Momente beim Schreiben, da bin ich so klar wie die Luft auf einem Berggipfel nach einer Regennacht. Der Titel „gesundgevögelt" passt perfekt für dieses Buch. Denn genau das ist es, was ich getan habe, mich gesundzuvögeln. Nicht nur körperlich, sondern vor allem auf einer seelisch-geistigen Ebene. Nur deshalb ist es überhaupt erst möglich, dass ich heute hier mit einem Baby im Bauch auf dem Balkon sitze, während drinnen der Papa in spe recherchiert, bei welchen Agenturen ich mich als Top-Speakerin listen lassen kann. Das ist echt, das passt in der Realität.

Ich war früher wie besessen von allen möglichen Sehnsüchten, Fantasien, Träumereien und Verliebtheitsgefühlen, die sich alle ausschließlich in meinem Kopf abspielten. Von all dem war ich so benebelt, dass ich meinen wahren Traummann gar nicht gesehen habe, obwohl er direkt neben mir stand. Wenn ich das alles, was in meinem Kopf war, nicht ganz bewusst ausprobiert, erlebt und auch körperlich erfahren hätte, würde ich wahrscheinlich immer noch in alten Traumvorstellungen festhängen. Dadurch, dass ich mich all dem gestellt, es in der Realität erlebt habe, kann ich unterscheiden, was ich wirklich will. Was das betrifft, verspüre ich überhaupt keinen Druck mehr.

Ich bin mir sicher, dass es Menschen gibt, die mit meiner Denkweise etwas anfangen können, die vielleicht ähnliche Erfahrungen gemacht haben oder die einfach neugierig darauf sind, dass man so etwas wie Erleuchtung und Glückseligkeit nicht nur durch Meditieren, sondern auch ganz banal durch Sex erleben kann.

Was ich immer wieder denke, während ich so auf dem Balkon sitze, ist, wie genial mein Leben geworden ist, seit ich mich mit Frank-Thomas verlobt habe. Wir wohnen in dieser tollen Wohnung, ich schreibe ein Buch, das mir superviel Spaß macht, werde in Kürze mit meinem Verlobten eine Firma gründen – und im Winter bekommen wir einen Sohn. Manchmal kann ich das immer noch nicht glauben.

Ich habe mir einen Lebensstil kreiert, der zu 100 Prozent zu mir passt. Mit einem Mann, von dem ich viele Jahre lang gedacht habe, dass er gar nicht zu mir passt.

Es gab diesen einen Moment, in dem ich Ja zu ihm gesagt habe. Um Haaresbreite hätte ich diese alles entscheidende Chance verpasst. Über meine Beziehung mit Frank-Thomas werde ich auch einmal ein Buch schreiben, denke ich mir … Vielleicht sollten andere an dieser Stelle auch mutiger sein. Für Menschen wie Frank-Thomas und mich gibt es ja kaum Vorbilder. Wir sind beide Pioniere, er genauso wie ich. Wenn ich das nur früher gesehen hätte … Aber eins nach dem anderen. Der August 2012 hält neben meinen Schreibsessions auf dem Balkon noch einige weitere Highlights bereit, unter anderem meine erste Fetischparty mit Babybauch. Ich habe mir dafür extra ein neues Outfit gekauft, denn in meine Korsagen passe ich ja jetzt nicht mehr hinein. Allerdings halte ich nicht mehr so lange durch, und wir fahren bereits um 01:00 Uhr wieder nach Hause.
Am 22. August 2012 gründen wir die Health & Fun GmbH als gleichberechtigte Gesellschafter. Der Notartermin ist unspektakulär und dauert keine zehn Minuten. Der Notar bietet uns noch nicht einmal ein Wasser an. Dafür stoßen wir anschließend bei Starbucks mit einem großen Karamellcappuccino an. Nun ist „das erste Baby" da: unsere GmbH.

In den nächsten Wochen bin ich noch einmal richtig viel unterwegs. September ist ein Monat, in dem ich schon immer an vielen Kongressen und Events teilgenommen habe, und das ist als schwangere Geschäftsführerin nicht anders. Zwischendurch schreibe ich noch die letzten Texte und Korrekturen fürs Buch, das wird gegen Ende doch ein wenig stressig. Aber wir schaffen es termingerecht. Dann bin ich ein paar Tage auf der iba, der führenden Weltmesse für Bäckerei, Konditorei und Snacks, und promote ein neues cholesterinsenkendes Brot. Mit Headset auf dem Kopf und Stützstrümpfen unter meinem Kleid stehe ich am Stand und spreche in die wuseligen Gänge hinein, bis sich eine Menschentraube vor dem Stand bildet und alle probieren wollen. Selbstredend, dass abends fast alle vom Standpersonal ein Buch bei mir vorbestellen. Die letzte größere Reise allein mit dem Zug unternehme ich Ende September, mittlerweile im siebten Monat schwanger, zu einem Kongress, auf dem ich über Work-Life-Fun-Balance spreche. Im Oktober, zwei Monate vor der Geburt, gebe ich dann noch einmal richtig Gas. Zuerst startet unser Speaker-Jahrestraining, zu dem sich sehr schnell sechs neugierige Teilnehmer angemeldet haben. Dieses Seminar macht uns beiden unglaublich viel Spaß. Selbst auf der Bühne zu stehen, finde ich ja großartig, und ich stelle fest, andere darin zu coachen, macht mindestens genau so viel Freude. Am 24. Oktober soll der große Vortrag für diese Bank vor über 1.000 Frauen im Europa-Park Rust stattfinden. Eine Woche vorher werde ich auf einer Messe, wo ich ausstelle, von einer Vertreterin des Stuttgarter Gesundheitsministeriums angesprochen, ob ich nicht am 24. Oktober vormittags einen Vortrag bei ihrem Gesundheitstag halten könne.

**Im achten Monat schwanger, zwei Vorträge an einem Tag –
ja klar, ich liebe Herausforderungen!**

Die nächste gute Nachricht: Drei Tage vor dem Vortragstermin kommen meine druckfrischen „gesundgevögelt"-Bücher! Ich bin ganz aus dem Häuschen vor Aufregung, denn das heißt, dass ich an diesem Tag bereits mit dem Verkauf loslegen kann. Mit einem exklusiven Vorverkauf für die Vortragsgäste, der offizielle Erscheinungstermin des Buches ist ja erst im November. Wir organisieren zusammen mit dem örtlichen Buchhändler, der am Telefon zweimal nachfragt, ob er sich bei dem Buchtitel eventuell verhört habe, einen Büchertisch. Dieser Tag wird für mich tatsächlich eines meiner absoluten Highlights. Wir übernachten am Vorabend in Stuttgart in einem schicken Hotel und fahren nach dem Vortrag am Vormittag mit einem gemieteten Mercedes-Cabrio in Richtung Europa-Park. Dort treffen wir am Nachmittag vier Geschäftspartnerinnen von mir, die alle aus München gekommen sind, um Fotos und Filme zu machen und mich aus der ersten Reihe anzufeuern. Meine Güte, bin ich aufgeregt! Der Saal ist riesig. Als am Abend nach und nach die Gäste hereinströmen, merke ich, wie mein Adrenalinspiegel steigt. Ob der kleine Mann in meinem Bauch das mitkriegt? Außer den üblichen gelegentlichen Tritten spüre ich nichts Außergewöhnliches. Es gibt keinerlei Anzeichen für eine Frühgeburt, hatte mich meine Frauenärztin eine Woche vorher beruhigt. Wenn es eine Angst gibt, die ich während der Schwangerschaft habe, dann, dass das Kind zu früh kommen könnte. Abgesehen von den Folgen für das Baby, was mache ich dann mit den Vorträgen? Ich habe mir im Vorfeld alle möglichen Gedanken dazu gemacht. Von der Frage, wer mich im Zweifelsfall vertreten könnte, bis zu der Überlegung, ob man ein paar Tage nach einer Geburt wieder auf der Bühne stehen könnte. Der Tag heute wird schon einmal funktionieren, mir geht's gut. Der Moderator des Abends fragt bei der Begrüßung sehr charmant ins Publikum, ob für den Fall der Fälle Hebammen anwesend seien. Lachen im Raum und drei Hände werden in die Luft gestreckt. Alle sind beruhigt, na dann kann's ja losgehen. Dieser Vortrag wird einer meiner besten. Ich bin unglaublich gut drauf und aufgeladen, habe irre viel Spaß auf der Bühne und als ich gegen Ende von meinem neuen Buch erzähle, ist alles vorbei.

Tosender Applaus, lachende Gesichter, großes Staunen. Dass eine Frau sich so etwas traut, noch dazu eine schwangere ...

Den Rest des Abends bin ich mit dem Signieren von Büchern beschäftigt. Alle 150 Bücher, die der Buchhändler mit roten Ohren bestellt hat, plus 30 Vorbestellungen gehen weg wie warme Semmeln. Frank-Thomas füttert mich zwischendurch mit Essen von dem leckeren Büfett, weil ich einfach nicht vom Bücherstand wegkomme. Ich glaube, das haben die alle noch nicht erlebt. Eine hochschwangere Frau, die ihr Buch „gesundgevögelt" verkauft ...
Am nächsten Tag machen wir zu sechst den Europa-Park unsicher. Ich traue mich in meinem Zustand nur auf die gemütliche Oma-Hochbahn und schaue den anderen beim Achterbahnfahren zu – und ich bin glücklich. Einfach nur glücklich. Was habe ich für ein geniales Leben!

★ **Frank-Thomas:** Ich bin sehr beeindruckt, als Susanne den Laden im Europa-Park rockt. Was für eine coole Stimmung! Und ich bin mit dabei, als einer von vier Männern im Raum inmitten der über 1.000 Frauen. Zwischen den beiden Vorträgen am 24. Oktober in Stuttgart und dann in Rust habe ich selbst auch noch einen Kunden für mein Liftmanagement besucht und dort einen Auftrag abgewickelt. Währenddessen schlief Susanne im Auto. Ich glaube, mehr Business an einem Tag geht wirklich nicht. Zweieinhalb Wochen nach diesem Erfolgstag geht die Post erneut ab: „gesundgevögelt" geht an den Start! Susannes Bauch ist inzwischen beträchtlich, nun sind es noch gut vier Wochen bis zum errechneten Geburtstermin. Die Frauenärztin hat uns noch einmal beruhigt, dass auch jetzt noch immer keine Anzeichen für eine Frühgeburt zu entdecken sind. Wir bereiten uns also auf die Buchparty an Susannes 40. Geburtstag vor, die etwas ganz Besonderes werden soll. Wir haben eine Bar gemietet und etwa 80 Gäste einkalkuliert. Auf dieser Party findet die erste Lesung aus dem Buch statt, und wir haben einige Kooperationspartner, die verschiedene Show-Acts rund um das Thema „Beziehung" darbieten werden. Eine stadtbekannte DJane wird auflegen, die dafür eigens Songs rund um das Thema „Sex" zusammengestellt hat. Die Location ist sehr stylish, mit weißen Sofas und dem passenden Ambiente.

Die Party findet am Samstag, dem 10. November, statt, und am nächsten Tag, am 11.11., hat Susanne Geburtstag. Ab Montag, den 12. November, ist das Buch offiziell im Handel erhältlich. Uns erreichen im Vorfeld einige Anrufe von Neugierigen, was denn genau auf einer „gesundgevögelt"-Party so abgehe. Ich kann alle beruhigen: „Nichts, zu dem ihr nicht auch Eure beste Freundin mitbringen könntet!" Bis kurz vor Beginn der Party haben wir 140 Anmeldungen. Der ganze Samstag ist für mich eine logistische Herausforderung. Susanne hält nämlich an dem Nachmittag noch einen Vortrag auf einer Existenzgründer-Messe in München. Als ob ein Event pro Tag in ihrem Zustand nicht reichen würde. Ich packe morgens das Auto, wir fahren mittags erst zu dieser Messe und anschließend zu unserer Party-Location, um mit unserem Team alles aufzubauen. Mir macht es großen Spaß, das alles zu organisieren, jedem seine Aufgaben zuzuteilen und alle zu managen. Ich bin innerlich hochkonzentriert, niemand merkt meine Anspannung, alles läuft glatt. Zwischendurch kommt ein Fahrer der Münchner Abendzeitung und bringt uns 100 druckfrische Exemplare, in denen das exklusive erste Interview mit Susanne zum Buch drin ist. Die Zeitungen sollen am Abend an die Gäste verteilt werden.

Ich stehe ab 19.00 Uhr an der Kasse und begrüße die Gäste. Schnell bildet sich eine lange Schlange am Einlass, jeder Gast bekommt eine Begrüßungstüte mit allerlei Give-aways – von Kondomen bis zu kleinen Gleitgelproben – und natürlich das Buch.

Zusammen mit Susanne begrüße ich um 20.30 Uhr auf der Bühne die Gäste. Die Stimmung ist super, die anschließende Lesung von Susanne der Hammer. Mit Programm, Büfett und Party ist es schnell 24.00 Uhr. Pünktlich zum Start in ihren Vierzigsten tritt Susanne um Mitternacht noch einmal in ihrem mittlerweile doch sehr knapp sitzenden Fetischoutfit auf und liest die dazu passende Szene aus dem Buch. Die silbernen Stiefel hätte sie vielleicht vorher noch einmal anprobieren sollen, die kriegt sie nämlich nicht mehr zu. Das witzigste Geburtstagsgeschenk des Abends ist eine kleine Torte mit Marzipan-Penissen, von denen einige aufgrund der Wärme schon in sich zusammengesunken sind. Wir feiern bis 4.00 Uhr morgens. Susanne zieht sich recht bald nach dem letzten Show-Act auf eine der weißen Couches zurück. Ich glaube, für eine Schwangere im neunten Monat war das heute ein ordentliches Pensum.

Am nächsten Morgen, während Susanne noch schläft, fahre ich als Erstes zur Tankstelle und hole eine „Welt am Sonntag". Da ist nämlich gleich das nächste Interview drin. Ich wecke Susanne mit einem Cappuccino und der Zeitung und blicke in leuchtende Augen. Das Interview füllt eine halbe Seite.

Am nächsten Morgen, am Tag der offiziellen Bucherscheinung, sind wir mit „gesundgevögelt" auf Platz 2 bei Amazons „Aufsteiger des Tages". Kurz danach erreicht das Buch Platz 25 der Bestseller-Liste. Fünf Tage nach der Party hält Susanne dann einen Vortrag vor 100 Unternehmern in Österreich, bei dem sie es wiederum schafft, mit dem Thema „Sex" die zum Teil über 70-Jährigen aus der Reserve zu locken. Eine Schwangere, die über die Gesundheitswirkung von Sex spricht, kommt einfach bei allen an.

An diesem Abend gönnen wir uns eine Übernachtung in der Suite eines Hotels über den Dächern von Graz. In der riesengroßen Badewanne, in die wir tatsächlich beide reinpassen, stoßen wir mit einem Glas Champagner auf uns an. Wahnsinn, was wir hier gerade alles „wuppen" und in welchem Tempo. Und wie viel Spaß das macht!

Es kommt noch besser!

Kaum zurück zu Hause, erhalten wir einen Anruf von Udo Grube, dem innovativen Verleger des Horizon-Verlags, der auf bild.de Susannes Buch entdeckt hat und es unbedingt in sein Verlagsprogramm aufnehmen möchte. Er lebt auf Mallorca und beschließt, kurzfristig nach München zu kommen, um mit uns zu verhandeln. Wir haben das Gefühl, die Ereignisse überschlagen sich, zumal jeden Tag neue Anfragen von der Presse reinkommen. Wir beschließen, unseren Coach Sonja Becker als Mediatorin bei unserem Gespräch dabei zu haben, damit es für alle fair wird. Drei Tage später fahre ich frühmorgens mit einem gemieteten Kleinlaster eine Tour quer durch Süddeutschland, um 2.000 Bücher von unserem Lager in Straubing in Niederbayern in Udos Lager nach Kornwestheim bei Stuttgart zu bringen. Wenn wir uns jetzt noch richtig im Weihnachtsgeschäft in den Buchläden platzieren wollen, zählt jeder Tag. Die ersten 2.000 Bücher wurden bereits in den ersten beiden Wochen verkauft, und Udo gibt sofort einen Nachdruck in Auftrag. Das „Buch-Baby" macht ganz schön viel Wirbel. Und die Geburt unseres echten Babys steht ja auch kurz bevor …

♥ *Susanne:* Drei Wochen vor dem ausgerechneten Geburtstermin, wenn andere Frauen längst in Mutterschutz sind und die letzten Strampler in Größe 56 und Windelpakete kaufen, reise ich durch die Gegend, halte Vorträge und gebe Presse-Interviews. Wobei ich natürlich zwischendurch auch an einem Geburtsvorbereitungskurs teilnehme. Der startete eine Woche nach dem Vortrag in Rust, und ich bin froh über die Informationen, die ich dort bekomme. Ich fühle mich mit diesen anderen Frauen einerseits verbunden, klar, die haben genau den gleichen dicken Bauch, die gleichen körperlichen Beschwerden und, wie ich, keine Ahnung, was auf sie zukommt. Andererseits fühle ich mich ein wenig fremd, denn ich bin die Einzige, die selbstständig ist und die ein so volles Tagesprogramm hat. Und ich bin auch noch mit Abstand die Älteste …

An einem von sechs Abenden kann der Partner mitkommen. Frank-Thomas ist genauso neugierig wie ich darauf, ob er dann mit mir zusammen hecheln üben soll. Fast alle Männer sind an diesem Abend dabei, alle zuversichtlich und völlig ahnungslos, was sie demnächst erwartet. Das Erste, was die Hebamme uns beibringt, ist, wie wir uns an unserem Partner festklammern können, wenn wir auf dem Weg vom Parkplatz zum Klinikeingang eine Wehe bekommen. Von wegen Hecheln. Dann gibt sie den Männern viele Tipps, wie sie mit ihrer gebärenden Frau am besten umgehen. Beispielsweise an welchen Stellen erfahrungsgemäß eine Massage guttut, dass es aber auch sein kann, dass die Frau lieber in Ruhe gelassen werden will. Ich finde das alles hochinteressant und Frank-Thomas macht einen gelassenen Eindruck. Ich bin mir sicher, dass ich mich auf ihn verlassen kann, wenn es so weit ist.
Mein letztes Seminar, unsere Speaker-Gruppe, halte ich knapp zwei Wochen vor dem errechneten Geburtstermin ab, und danach ist dann auch wirklich Schluss. Mein Körper setzt mir Grenzen. Ich wiege mittlerweile fast 20 Kilogramm mehr als vorher! Beim Shopping von neuen Schlafanzügen und Fleecejacken für den Klinikaufenthalt verrenke ich mir zu allem Überfluss noch so ungünstig meine rechte Schulter, dass ich den Arm kaum bewegen kann und kurz vor der Geburt auch noch jeden Tag zur Physiotherapie muss. Frank-Thomas fährt mich Gott sei Dank hin, denn ich kann nicht mehr Auto fahren.

Was für ein Abenteuer!

Der 12.12.2012 verstreicht und nichts passiert. Okay, dann sollte es wohl doch nicht die ganz große Schnapszahl werden. Ist wahrscheinlich auch besser. Ich will gar nicht wissen, was an diesem Tag in den Kliniken los ist, wie viele Mütter sich da ihren Wunsch-Kaiserschnitt terminiert haben. Bei mir gibt es keine Anzeichen von Wehen, auch einige Tage später zum errechneten Geburtstermin nicht. Was habe ich mich teilweise mit Bedenken wegen einer Frühgeburt verrückt gemacht. Nix da, unser Kleiner bleibt sogar noch ein paar Tage länger drin. Frank-Thomas und ich schauen abends stundenlang Videos und Serien, ich kann mich zwar kaum noch aufs Schauen konzentrieren, aber alles andere ist mir erst recht zu anstrengend. Lesen? Keine Chance. Schlafen? Geht so, denn mich von einer Seite auf die andere zu drehen, ist jedes Mal Schwerstarbeit. Sex? Haben wir in den letzten Tagen wieder öfter, denn ich habe gelesen, dass die Prostaglandine in der Samenflüssigkeit die Wehen anregen. Aber nicht einmal das macht richtig Spaß. Irgendjemand hat mir gesagt, bei einer Frau kommt irgendwann der Punkt, an dem sie wirklich nicht mehr schwanger sein will und sich danach sehnt, dass das Kind endlich kommt, und dass dieser Trieb dann stärker ist als die Angst vor der Geburt. Am 20. Dezember 2012 ist es bei mir so weit. Ich bin abends noch mit Freunden unterwegs und beschließe, „meinem Untermieter" fristlos den Mietvertrag zu kündigen. Der soll jetzt endlich rauskommen, ich mag nicht mehr.

In der Nacht zum 21. Dezember werde ich um 3:39 Uhr wach und schaue auf den Wecker. Ich habe Schmerzen. Jetzt geht es los. Ab jetzt verläuft alles anders als geplant. Mich haben ja schon viele Frauen vorgewarnt, dass eine Geburt nicht planbar ist und vor allem in keiner Weise ein romantischer Vorgang. Doch so recht glauben wollte ich das nicht. Es fängt damit an, dass ich bei der Ankunft in der Klinik in Starnberg erfahre, dass das tolle Vier-Sterne-Gästehaus, wegen dem ich überhaupt erst entschieden habe, dort zu entbinden, über Weihnachten geschlossen ist. Na toll, das hätten sie mir ja auch vorher sagen können! Nun gut, auch egal, jetzt muss ich sowieso erst einmal die Geburt überstehen. Obwohl ich eine fantastische Schwangerschaft hatte, läuft es mit der Entbindung nicht so easy. Mein Körper will nicht so, wie ich will, und es dauert ewig. Das kleine Wesen in mir, das schon im Ultraschall als eher zart und feingliedrig zu erkennen war, reagiert auf meine Anstrengungen irgendwann mit schwachen Herztönen. Die Ärzte raten mir zu einem Kaiserschnitt. Ich bin verwirrt: So hatte ich mir das nicht vorgestellt. Doch alles andere macht keinen Sinn, und nach einigem Hin und Her erlaube ich den Ärzten, mich aufzuschneiden. Frank-Thomas ist die ganze Zeit an meiner Seite, was mir sehr viel Kraft gibt. Ich weiß, er steht hinter mir, egal, was passiert. Von der Geburt selbst bekomme ich nichts mit. Der Anästhesist beamt mich kurzfristig ins Nirwana, weil ich in dem Moment, in dem der Oberarzt das Messer ansetzt, Panik bekomme. Wenige Minuten später werde ich wach, und es fühlt sich original so an, als würde ich aus einem Mittagsschlaf aufwachen. Ich habe irgendetwas geträumt und merke plötzlich, dass ich ja noch auf dem Operationstisch liege. Ich höre ein leises Quäken.

Amadeus ist da!

21.12.2012, 15:39 Uhr, genau zwölf Stunden nach der ersten Wehe. Frank-Thomas hat den Kleinen zuerst gesehen, er stand die ganze Zeit neben mir. Die Welt ist nicht untergegangen, sie erwacht gerade neu. Unser Baby hat die Geburt gut überstanden, leidet aber noch an einigen Anpassungsschwierigkeiten und soll erst einmal auf die Intensivstation. Frank-Thomas begleitet Amadeus, und ich werde in den Aufwachraum gebracht. So hatte ich mir das alles nicht vorgestellt. Trotzdem bin ich glücklich. Ich habe ein Baby. Und einen fantastischen Mann.

★ *Frank-Thomas:* Ich folge den Schwestern eine Etage tiefer zur Intensivstation. Sobald Amadeus frisch gewaschen und gewickelt in seinem Wärmebettchen liegt, meint die diensthabende Kinderärztin, der kleine Kerl sei nach der Geburt ziemlich erschöpft und habe Hunger. Sie fragt mich, ob ich ihm sein erstes Fläschchen geben möchte. Ja klar, gerne! Sie erklärt mir, wie ich es halten soll. Ich schiebe meinem Sohn vorsichtig den Sauger in den Mund. Er legt sofort los und trinkt schmatzend das ganze Fläschchen leer. Ich bin unglaublich fasziniert von diesem kleinen Würmchen. Er ist wirklich sehr zart und hat, wie ich finde, im Verhältnis dazu riesengroße Hände und Füße. Mit 43 Jahren bin ich endlich Papa. Kurz nach Beendigung seiner ersten Mahlzeit schläft er ein. Und ich mache mich daran, sämtliche Omas und Opas und die engsten Freunde anzurufen.

Da der Kleine sich doch noch etwas schwer damit tut, so richtig auf der Erde anzukommen, und sich in den ersten Tagen noch ein paar Komplikationen ergeben, müssen er und Susanne noch zehn Tage in der Klinik bleiben. Ich fahre jeden Tag nach Starnberg. Den Weihnachtsbaum hole ich vom Balkon ins Wohnzimmer und stecke die Lichterkette an, aber ansonsten schmücke ich ihn gar nicht. Was soll ich alleine mit einem Weihnachtsbaum? Ich bin sowieso die meiste Zeit in der Klinik.
Das ist ein Weihnachten, wie ich es noch nie erlebt habe: Am Heiligabend verbringen erst Susanne und dann ich jeweils vier Stunden mit Amadeus auf dem Bauch auf einem Liegestuhl, inmitten der piependen Geräte, schreienden Babys und stillenden Mütter auf der Intensivstation. „Känguruhen" nennen die Schwestern das.

Ich habe jetzt eine Familie – ein schöneres Weihnachtsgeschenk hätte mir niemand machen können.

Egal, wie die Umstände gerade sind. Ich übernachte in Susannes Zimmer in einem Krankenbett, in das ich gerade so hineinpasse, und wundere mich, dass diese Übernachtung mit Frühstück teurer ist als in einem Vier-Sterne-Hotel. Doch das Wichtigste ist: Dem Kleinen geht es von Tag zu Tag besser. An Silvester hole ich die beiden ab und bringe sie zu uns nach Hause. Jetzt beginnt unser Leben zu dritt. Sein erstes Silvesterfeuerwerk verschläft Amadeus auf meinem Arm.

KAPITEL 20

ENDLICH ANGEKOMMEN

„Die größte Kraft des Lebens ist Dankbarkeit" Hermann Bezzel

♥ **Susanne:** Mit dem 1. Januar 2013 beginnt nicht nur ein neues Jahr, sondern ein neues Leben für mich. Anders als früher. Und anders als ich es mir vorgestellt hatte. Nachts aufzustehen macht mir nicht so viel aus wie die Tatsache, dass ich täglich bis zu 12 Stunden mit Stillen beschäftigt bin. Da Amadeus zu wenig von der Brust trinkt, muss ich zusätzlich abpumpen und nachfüttern. Nach kurzer Zeit kenne ich alle Milchpumpenmarken plus sämtliches Zubehör. Die ersten Wochen sind zugegebenermaßen ziemlich anstrengend. Aber als studierte Ernährungswissenschaftlerin kann ich nicht umhin, meinem Kind so viel Muttermilch wie möglich zu geben. Gesundheit ist mir nicht nur in meinen Vorträgen wichtig. Gleichzeitig will ich mich aber auch nicht verrückt machen wegen des Stillens. Der unbestreitbare Vorteil des Zufütterns ist nämlich, dass Frank-Thomas immer eine von den beiden Nachtschichten übernehmen und ich morgens auch einmal ausschlafen kann. Er hat dem Kleinen das erste Fläschchen gegeben und macht mit dem Füttern gern weiter. Auch das Wickeln, Anziehen, Spazierengehen, den Haushalt, das Einkaufen – alles teilen wir uns beide in gleichem Maße. Das finde ich fantastisch, darüber gibt es keine Diskussionen oder Fragen. Der Alltag mit Partner und Baby ist wirklich so, wie ich es mir immer gewünscht habe. Und mir ist klar, dass das nur in dieser Konstellation, mit uns beiden als selbstständigen Unternehmern, möglich ist. Wenn einer morgens zur Arbeit müsste, wäre es ganz anders und schwieriger. Hinzukommt: Durch das Baby wird unsere Beziehung definitiv besser als vorher. Wir werden noch mehr zu einem Team und fühlen uns in der gemeinsamen Aufgabe sehr verbunden. Neben Kinderwagenschieben,

Baby füttern und Schlafen schreibe ich noch ein Kapitel für ein neues Buch. „Chefsache Gesundheit" – ein Gemeinschaftswerk mehrerer Coaches und Experten. So ganz ohne Arbeit geht es bei mir nicht. Irgendjemand hat mir einmal weismachen wollen, dass Babys in der Anfangszeit ja noch viel schlafen und man dann wunderbar Zeit hätte zu schreiben. Also, diese Person hatte sicher keinen so schlechten Esser beziehungsweise Milchtrinker wie Amadeus. Doch auch dieses Manuskript stelle ich rechtzeitig fertig und bin richtig stolz auf mich, denn einige andere Autoren, die nicht frisch entbunden haben, geben ihre Texte erst viel später ab als ich. Ich beobachte mich, meinen Körper und meine Gefühle in den ersten Wochen nach der Geburt genau und stelle fest, dass vieles anders ist als erwartet. Irgendwie hätte ich gedacht, dass ich mehr Glücksgefühle erlebe und dass ich sofort unsterblich in mein Baby verliebt bin. Das ist nicht der Fall, ich empfinde vielmehr eine Mischung aus Neugier auf diesen kleinen Menschen und dem starken Bedürfnis, mich um ihn zu kümmern und in seiner Nähe zu sein. Ich bin aber auch nicht deprimiert oder so, was ja angeblich ein häufiger Gefühlszustand von Müttern im Wochenbett ist. Ich bin ziemlich kaputt, obwohl ich eigentlich in summa lange genug schlafe. Ich habe ein bisschen weniger Lust auf Sex, aber eigentlich nicht viel weniger also sonst. Stattdessen bin ich am Abend müder und schlafe schneller ein, vor allem in den ersten Wochen. Das heißt aber nicht, dass wir nicht ein paar Wochen nach der Geburt wieder Sex haben. Mein Motto ist nach wie vor: Die Lust kommt beim Tun. Man darf halt nicht vorher einschlafen. Als Familie sind wir jedenfalls ein super Team und meine Liebe zu Amadeus wächst täglich. Womöglich ist das nur ein Mythos, dass die Bindung zum Baby sofort nach der Geburt automatisch da ist – oder sogar schon vorher im Bauch. Okay, ich hatte einen Kaiserschnitt und war die ersten sechs Tage mehr oder weniger von meinem Baby getrennt. Kann sein, dass auch das eine Rolle spielt. Aber:

Ich kann alle werdenden Mütter beruhigen, die Angst davor haben, nach einem Kaiserschnitt traumatisiert zu sein: Die Bindung baut sich trotzdem sehr schnell auf.
Denn auch das ist letzlich die Entscheidung der Mutter. Im Babymassagekurs treffe ich eine Frau, die vor Kurzem einen Säugling adoptiert hat. Sie erzählt mir, dass sie genau einen Tag Zeit hatte, um sich zu entscheiden, ob sie das Kind wollte. Sie hatte keine neun Monate Vorbereitungszeit. Bei ihr wachse die Bindung auch jeden Tag ein Stückchen mehr, sagt sie, und schon jetzt sei sie so weit, dass sie ihren Jungen auf keinen Fall mehr hergeben wolle. Also ich muss sagen, ich hatte zu Amadeus, als er noch im Bauch war, keine besondere Bindung. Ich habe halt gespürt, dass er mich ab und zu tritt, mehr aber auch nicht.

Tief beeindruckt bin ich davon, wie sehr mich Frank-Thomas unterstützt! Ich muss zugeben, dass ich wirklich langsam anfange, mich schwer in ihn zu verlieben.

Wie liebevoll er sich um mich und den Kleinen kümmert, das ist der Hammer. Ich habe keinen Moment lang das Gefühl, dass ich „mehr" für das Baby tue als er. Schon in den ersten Tagen in der Klinik hat er mir einfach durch seine Anwesenheit und seine ruhige Art unglaublich viel Kraft gegeben. Es war so goldrichtig, dass ich mich damals für ihn entschieden habe, das wird mir jetzt noch einmal deutlich. Vielen Dank!

Unsere Arbeitszeiten als Geschäftsführer haben wir uns für dieses Jahr so aufgeteilt, dass Frank-Thomas offiziell voll arbeitet und ich ab dem dritten Monat in Teilzeit. Ich will mich auf die Vorträge und Seminare konzentrieren, das sind einige Tage im Monat, alles andere macht er. Zwei Monate nach der Geburt, Ende Februar, halte ich wieder einen Vortrag. Diesmal in Berlin, bei der Gründungsfeier einer Gesundheitsstiftung. Wir fahren zu dritt mit dem Auto nach Berlin, übernachten in einem schönen Hotel mit Babybett, und Amadeus bekommt in dem festlichen Saal einen Ehrenplatz in der ersten Reihe, sogar mit einem eigenen Namensschild. Und ich stelle fest: Zu dritt macht es noch viel mehr Spaß, zu Vorträgen zu reisen! Anfang März ist dann das ZDF bei uns: Ich bin als Protagonistin in einem Beitrag der 1000. Sendung von ML mona lisa zum Thema „Männer und Frauen" dabei. Natürlich auch mit Baby. Und drei Tage später fahren wir nach Essen: der nächste Vortrag bei einem Reiseveranstalter. Ganz klar: Meine Business-Power kommt zurück!

Die folgenden Monate und der beginnende Frühling und Frühsommer sind bei uns beiden gleichermaßen geprägt von einem Gefühl des Angekommenseins und des Glücks. Endlich haben wir das erreicht, was wir uns seit so vielen Jahren gewünscht haben. Endlich Familie. Wir fühlen uns durch das Baby kein bisschen gestresst, im Gegenteil, wir wachsen zusammen und werden ein richtig gutes Team. Amadeus ist bei allen Workshops, Seminaren und Vorträgen dabei, wir schlagen überall zu dritt auf. Zu Hause hat Frank-Thomas seinen Arbeitsplatz vom Büro ins Wohnzimmer verlegt, der Kleine liegt auf seinem Stillkissen auf der Couch und schaut neugierig seinem Papa zu.

Ich verstehe gar nicht, dass Leute sich erst ein Kind wünschen und, wenn es dann da ist, nur noch gestresst sind und sich streiten. Oder ist das in Wahrheit gar nicht so und wir haben nur ein schräges Bild von jungen Eltern und schreienden Kindern, und eigentlich sind alle happy? Ich kann ja nur von uns reden. Natürlich verändert ein Baby das Leben, sogar massiv. Aber das ist doch nichts Schlimmes! Natürlich ist man fremdbestimmt und kann nicht mehr so, wie man will, aber dafür hat man ja auch dieses wunderbare kleine Wesen, über das man sich den ganzen Tag kaputtlachen kann. Wir lachen jedenfalls sehr viel mit Amadeus, er kann unglaublich das Gesicht verziehen, sie haben ihn schon

auf der Intensivstation als „Grimassenkönig" bezeichnet.
Und das ist nicht das Einzige, das uns zum Lachen bringt. Im März kaufen wir uns einen Firmenwagen. Da wir ja dieses Jahr vorhaben, zu dritt auf große Tour und Lesereise zu gehen, brauchen wir das passende Gefährt – einen schwarzen Skoda Superb mit grün-weißen Aufschriften auf Türen und Kofferraum: www.gesundgevögelt.de.
Mit diesem Auto und dem Baby im Maxi-Cosi auf dem Beifahrersitz durch die Gegend zu fahren, macht viel Freude.

★ **Frank-Thomas:** Ja, das ist echt cool mit dem Auto. Wir werden dauernd auf der Autobahn fotografiert. Da kommt ein Porsche auf der linken Fahrbahn angepresscht und dann fährt er auf einmal ganz langsam vorbei und der Fahrer zückt sein Handy. Das ist ein geiles Gefühl! Oder Leute schauen ungläubig und tuscheln, wenn sie an unserem Wagen vorbeigehen.
An einem milden Frühlingsabend habe ich mit dem Auto ein besonders skurriles Erlebnis. Amadeus ist eigentlich pflegeleicht, er schreit meist nur, wenn er wirklich irgendetwas hat. Hunger zum Beispiel. Aber an diesem besagten Abend schreit er nach dem Fläschchen ununterbrochen weiter, bis Mitternacht, und kann sich einfach nicht beruhigen. Unsere Hebamme hat uns einmal geraten, das Baby, wenn es schreit, am besten in den Kinderwagen oder ins Auto zu packen und durch die Gegend zu fahren. Beim Rollen beruhigen sich die Kleinen meist schnell. Also packe ich Amadeus in den Maxi-Cosi und gehe im Pyjama zur Garage. Susanne fragt mich ungläubig, ob ich mir nicht lieber etwas anziehen will, aber da ich ja nicht vorhabe, weit zu fahren, setze ich mich in Schlafanzug und Schlappen ins Auto. Um diese Uhrzeit ist doch eh keiner mehr unterwegs. Es dauert allerdings doch etwas länger, bis Amadeus einschläft, und da bin ich schon in Unterhaching in einem Gewerbegebiet. Plötzlich entdecke ich eine parkende Polizeistreife. Auweia, denke ich, und versuche, unauffällig daran vorbeizufahren.

Doch die Polizisten wundern sich wahrscheinlich, was ein einsamer Wagen um die Zeit in einem verlassenen Gewerbegebiet macht, hängen sich an meine Fersen und lassen mich anhalten. Zwei Beamte, ein Mann und eine Frau, steigen aus, wünschen mir einen schönen Abend und leuchten mit einer Taschenlampe in den Wagen.

Die beiden Polizisten staunen nicht schlecht, als sie kurz nach Mitternacht ein Auto mit der Aufschrift „gesundgevögelt" anhalten, in dem ein Fahrer in Schlafanzug und Schlappen sitzt, der sich nicht ausweisen kann und ein Baby auf dem Beifahrersitz hat.

Ich habe keine Brieftasche mitgenommen! Ich deute auf Amadeus, der mittlerweile tiefenentspannt im Maxi-Cosi neben mir schlummert, und erkläre, dass ich ihn nur schnell wieder beruhigen wollte. Glücklicherweise finde ich im Auto unseren Ausweis vom Wertstoffhof, auf dem immerhin mein Name steht. Schmunzelnd akzeptieren die beiden das. Die Polizistin druckst ein wenig herum. Was sie unbedingt noch wissen will, ist, was denn die Aufschrift auf meinem Auto bedeute und ob sie das richtig gelesen hätte? Grinsend erkläre ich, das sei ein Buch, das meine Frau geschrieben habe. Das könne sie nachprüfen, der Name Susanne Wendel stehe ja auch im Wertstoffhofausweis.
Als ich später wieder nach Hause komme und mich ins Bett lege, muss ich lachen. Wir sind schon echt verrückt.

♥ *Susanne:* Unseren ersten gemeinsamen Familienurlaub verbringen wir Anfang April in Südtirol, in der Nähe von Meran. Wir freuen uns auf warme Frühlingstage und die beginnende Apfelblüte und erwischen ausgerechnet die kälteste Woche des gesamten Frühlings. Es regnet und ist eiskalt. Keine Blüte weit und breit. Aber selbst das macht uns nichts aus. Wir sind eine Familie. Ich bin unglaublich stolz auf uns und darauf, dass wir schon so viel zusammen geschafft haben. Und immer wieder schüttele ich den Kopf über uns, weil wir uns so lange dagegen gewehrt haben, ein Paar zu sein.

Auf einem unserer langen Spaziergänge durch den Nieselregen habe ich endlich einmal wieder Zeit, meine Gedanken schweifen zu lassen. Ich habe mich früher oft gefragt: Was macht mich wirklich zutiefst glücklich? Bisher hatte das vor allem damit zu tun, mein Leben so zu leben, wie ich es wollte und wie es zu mir passte. Ich merke, wie jetzt eine neue Dimension von Glück dazu kommt: Das Gefühl, für einen anderen Menschen verantwortlich zu sein. Mit Kind wird man zur Verantwortung gezwungen, man kann dieses Gefühl aber auch für seinen Partner, seine Eltern oder einen guten Freund empfinden. Glück hat viel mit den Menschen zu tun, die uns am Herzen liegen.

Paradoxerweise fühle ich mich jetzt mit Partner und Baby viel freier als vorher allein. Freiheit durch Verantwortung.

Wenn mir das früher jemand gesagt hätte, hätte ich ihn für verrückt erklärt. Doch genau so ist es. Endlich ist Entspannung in mein Beziehungsleben gekommen. Die Hintertüren sind geschlossen. Klar bin ich nach wie vor neugierig auf andere Männer. Und ich kann mir auch durchaus vorstellen, irgendwann wieder Sex mit jemand anderem außer Frank-Thomas zu haben. Aber die Frage, wer mein Partner ist, ist beantwortet. Es hat eine ganze Zeit lang gedauert, aber jetzt ist es klar.

Ich glaube, vielen Menschen entgeht diese Art von Glück und Freiheit, weil sie sich nie richtig darauf einlassen. Wer sich immer alles offenhält, kann nie richtig ankommen.

Ich glaube, viele nehmen sich auch gar nicht die Zeit, ihren Partner wirklich kennenzulernen. Die meisten Menschen wissen ja noch nicht einmal, wer sie selbst sind und was sie brauchen. Mir war lange nicht

bewusst, dass ich eine Pionierin und Vorreiterin in vielen Dingen bin und dass ich auch so einen Mann an meiner Seite brauche. Meine Sichtweise auf das Thema „Partnerschaft" hat sich durch die Beziehung mit Frank-Thomas komplett geändert. Man muss tatsächlich nicht in einen anderen Menschen verliebt sein, um eine Beziehung mit ihm haben zu können. Viel, viel wichtiger ist, dass man die gleichen Werte und Vorstellungen vom Leben hat. Wir genießen das Leben mit Baby in vollen Zügen! Frank-Thomas fliegt im Mai nach Kapstadt, um ein paar Tage Harley zu fahren und die besten Routen für seine Motorradtouren ausfindig zu machen. Im Juni sind wir auf Lesereise in mehreren Städten unterwegs. Im Juli fahren wir dann noch einmal nach Südtirol, dieses Mal im Hochsommer und zu viert mit Oma, die sich um den Kleinen kümmert. Anfang August verbringen wir ein paar Tage bei den anderen Großeltern, die sich auch riesig über ihren Enkel freuen.
Auch das Business läuft: Wir leben seit einigen Monaten mehr oder weniger von den Einnahmen meines Buches, Frank-Thomas und ich sind ein Team: Als wir unseren Verlag wechselten und ich hochschwanger war, hat er teilweise über 100 Bücher täglich eingepackt, frankiert und zur Post gebracht.

Zusammen sind wir mehr als jeder für sich allein. Ich denke, die allergrößte Glücksbremse ist ein Partner, der immer etwas anderes will als man selbst.

Wir beide sind wirklich glücklich miteinander, haben einen fantastischen Sohn, und wenn das Ganze ein Märchen wäre, dann wäre es jetzt vorbei. Und wenn sie nicht gestorben sind ... Leider ist das Leben kein Märchen, und im Spätsommer kommen wir an einen Punkt, an dem uns das „normale" Leben wieder einzuholen scheint.

KAPITEL 21

DIE NÄCHSTE KRISE KOMMT BESTIMMT

„Krise kann ein produktiver Zustand sein. Man muss ihr nur den Beigeschmack der Katastrophe nehmen." Max Frisch

♥★ **Susanne und Frank-Thomas:** Was passiert eigentlich, wenn man genau das erreicht hat, was man immer erreichen wollte? Was, wenn man endlich da ist, wo man immer sein wollte? Ist das dann das große Glück, das für immer bleibt? Für den einen mag es ernüchternd klingen, für den anderen banal, aber letztlich geht das Leben trotzdem immer weiter. Es kommen neue Herausforderungen und damit neue Wünsche und Ziele. Und garantiert passiert irgendwann etwas, das man überhaupt nicht wollte. Dieses „Wenn ich einmal ..." ist tief in unsere Gehirne einprogrammiert. Als frischgebackene Unternehmer und Eltern sind wir gleich mit einem riesengroßen Erfolg gestartet und erlebten eine Zeit lang intensiv das Glücksgefühl von: Wir haben es geschafft! Klar gibt es auch dann ein paar Herausforderungen, aber im Großen und Ganzen war unser Grundgefühl, angekommen zu sein.
Die Ernüchterung kommt in dem Moment, in dem wir feststellen, dass uns eine wichtige geschäftliche Kooperation kein Geld gebracht, sondern im Gegenteil richtig viel gekostet hat. Wir warten auf eine Zahlung, die nicht kommt. Der August ist sowieso ein schwacher Monat, was Geldeingänge betrifft, und wir haben einen typischen Fehler gemacht, der vielen Selbstständigen unterläuft, nämlich: Wir haben uns nicht rechtzeitig um neue Aufträge gekümmert. Auf einmal wird es auf dem Firmenkonto knapp und damit auch auf unseren Privatkonten. Wenn beide in der gemeinsamen Firma arbeiten, ist das Risiko natürlich doppelt hoch. Gleichzeitig wird Amadeus immer mobiler und braucht mehr Aufmerksamkeit. Die Herausforderung, alles gleichzeitig hinzu-

kriegen, wird größer. Waren wir zu naiv? Sind wir sowohl an das Thema Kind als auch an das Thema GmbH letztes Jahr zu unbedarft herangegangen und bekommen jetzt die Quittung?

Haben diejenigen etwa doch recht, die uns sagen: „Das war viel zu hohes Risiko, klar, dass das nicht geht!" Unsere Beziehung wird erneut auf eine Probe gestellt. Dieses Mal von außen.

Aber wir haben nicht vor, uns unterkriegen zu lassen. Es ist Zeit, eine Kursanpassung vorzunehmen. Wir brauchen eine neue Strategie.

★ *Frank-Thomas:* Wir sind an die GmbH ziemlich sorglos herangegangen, das stimmt. Und im Nachhinein muss ich sagen, das war trotzdem gut so, sonst hätten wir es nämlich nicht gemacht. Wir überlegen, was jetzt als Nächstes zu tun ist. Was wir zum Beispiel noch nicht haben, ist ein Kontokorrentkredit auf unserem Firmenkonto. Den haben wir bislang noch nicht gebraucht, und darum kümmere ich mich jetzt. Das ist eine Menge Papierkram, aber machbar. Dann haben wir wieder mehr Luft. Wir überlegen beide, wie wir neue Geschäftsideen entwickeln können. Mein Gedanke ist kurzfristig, dass ich mich wieder irgendwo im Aufzugsbereich anstellen lasse. Da würde ich sofort wieder einen Job kriegen. Durch eine Festanstellung würde sich erst einmal wieder finanzielle Entspannung einstellen. Aber Susanne legt sofort ihr Veto ein. Ich bin jetzt Geschäftsführer meiner eigenen Firma, sagt sie mir, da kommt eine Festanstellung woanders nicht mehr infrage. Okay, wir haben ein paar strategische Fehler gemacht, wir waren durch den großen Erfolg am Anfang etwas übermütig und haben es versäumt, Rücklagen zu bilden. Jetzt müssen wir halt kreativ werden. Im Gegensatz zu Susanne habe ich so eine Phase noch nicht erlebt, ich bin ja noch nicht lange selbstständig. Aber meine Einstellung dazu ist klar: Man macht Fehler, zieht Konsequenzen daraus und findet neue Lösungen.

Immerhin bin ich ja jetzt auch Vater, was ich mir so viele Jahre lang gewünscht habe. Ich will eigentlich gar nicht mehr irgendwo angestellt sein, sondern lieber viel Zeit mit meiner Frau und meinem Sohn verbringen können.

Also auf zur Bank und den vielen Papierkram für die Beantragung eines Kontokorrentkredits bearbeiten. Und tief durchatmen. Unser tägliches Mantra wird: „Wir kriegen das schon alles hin!"

♥ *Susanne:* Wir werden kreativ: Ich bestelle mir einige aktuelle Studien des Zukunftsinstitutes und schreibe einen kleinen Report über Gesundheit, Beziehung und Sex im 21. Jahrhundert, den wir auf unseren Websites zum Download bereitstellen. Diese Strategie geht auf. Dadurch gewinnen wir neue Kunden und Interessenten. (Falls Sie, liebe Leserin, lieber Leser, neugierig darauf sind: Den Report können Sie sich auf www.gesundgevögelt.de und www.susanne-wendel.de downloaden.)

Ich sage nur: Augen auf und durch. Ich habe während meiner zwölfjährigen Selbstständigkeit immer wieder solche Phasen erlebt. Da kommt manchmal alles zusammen. Unerwartet hohe Steuernachzahlungen und gleichzeitig vergessene Rechnungen, ein wichtiger Kunde fällt weg und du hast dich gerade für eine Investition entschieden, die du bezahlen musst. Da muss man ruhig bleiben, Lösungen finden und weitermachen. Neu ist, dass ich jetzt nicht mehr allein für mich verantwortlich bin, sondern einen Partner und ein Baby habe. Wir können uns alle keine Launen und Durchhänger leisten. Ganz davon abgesehen, dass wir das auch gar nicht wollen.

In einer schwierigen Geschäftsphase mit einem kleinen Kind jeden Tag gut gelaunt aufzustehen, das ist allerdings eine echte Herausforderung.

Das gelingt mir nicht immer, das gebe ich zu. Es gibt Momente, in denen ich wütend werde, weil ich nicht schaffe, was ich mir vornehme und was dringend notwendig wäre. Beispielsweise potenzielle neue Kunden anzurufen. In solchen Momenten beneide ich Frauen, die einfach nur ein Baby und einen gut verdienenden Mann haben. Gott sei Dank dauern diese Momente nie lange. Ich lenke meinen Fokus schnell wieder auf das Positive. Mich wird sicher jede Mutter mitleidig belächeln und denken, ich sei in meinen Vorstellungen von Baby und zu Hause arbeiten völlig naiv gewesen. Auch wenn sich die Arbeit auf ein paar Stunden pro Woche beschränkt. Amadeus kann mit sechs Monaten krabbeln und mit etwa acht Monaten an der Hand laufen und will das natürlich auch unentwegt tun. Dann ist es vorbei mit: „Er kann ja neben mir spielen, während ich an meinem Laptop am Schreibtisch sitze". Wir kaufen ihm ein extra großes Laufgitter, das fast unser gesamtes Wohnzimmer einnimmt. Dem kleinen neugierigen Weltenbummler ist das aber immer noch zu klein. Er bleibt da drin nur ruhig, wenn ich dort mit ihm spiele, und das ist ja irgendwie nicht Sinn der Sache. Was ich auch nie im Leben gedacht hätte, ist, dass bei all dem tollen Spielzeug, das er hat, mein iPhone und mein Laptop mit Abstand die interessantesten Dinge sind. Sobald ich eines dieser beiden Geräte in die Hand nehme, hängt Amadeus an meinen Hosenbeinen. Frank-Thomas und ich müssen uns definitiv unsere Zeit anders einteilen, damit wirklich immer einer von uns für das Kind zuständig ist und der andere in Ruhe arbeiten kann. Jeden Tag einen Babysitter zu engagieren, können wir uns momentan nicht leisten. Mit dem Thema „Kinderkrippe" haben wir uns gar nicht auseinandergesetzt und sind uns auch einig, dass das jetzt noch zu früh ist.

Stattdessen kommt ein anderes Projekt auf uns zu, bei dem wir sofort mitspielen: Mit einigen Freunden und Geschäftspartnern kreieren wir eine private Lösung für gemeinsame Kinderbetreuung. An drei bis vier Vormittagen pro Woche passen wir abwechselnd auf mehrere Kids auf.

Das bekommt sowohl uns, den Eltern, als auch den Kindern sehr gut. Die Kleinen lernen soziales Miteinander, wir lernen viel im Umgang mit den Kindern und haben auch einmal kinderfrei. Ich suche mir ein gutes Fitnessstudio mit Kinderbetreuung, meine Sportzeit nachmittags kann Frank-Thomas zum Arbeiten nutzen und Amadeus ist gut untergebracht. Manchmal setze ich mich einfach mit einem Cappuccino oder Aperol Spritz ins studioeigene Café und arbeite dort. Jetzt gelten neue Regeln, es geht nicht mehr nur um mich. Stück für Stück schaffe ich es, die Fremdbestimmung, die man als junge Mutter erlebt, in mein Business-Leben zu integrieren. Okay, dann mache ich eben Sport, wenn die Kinderbetreuung offen ist. Dann halte ich einfach Mittagsschlaf, wenn Amadeus auch schläft. Dann schreibe ich geschäftliche E-Mails, während er neben mir herumkrabbelt – solange er das tut und nicht auch in die Tasten hauen will. Es ist nur einfach alles sehr viel aufwendiger und dauert länger. Manchmal fühle ich mich wie ein Schwimmer, der plötzlich durch Brei schwimmt ... im wahrsten Sinne des Wortes, wenn ich daran denke, wie oft am Tag ich mittlerweile unseren Esstisch und den Fußboden darunter abwische ...

Selten in meinem Leben hatte ich so stark das Gefühl, dass die Zeit verrinnt und die Tage nur so vorbeirauschen. Das Blöde: Eigentlich tut man ja nichts. Zumindest nichts, was man am Abend in Form eines konkreten Ergebnisses betrachten kann. Außer, dass das Baby friedlich im Bett liegt und man sich gleich danebenlegen möchte. Und eigentlich mag man auch gar nicht mehr aus dem Schlafzimmer rausgehen, denn überall in der Wohnung sind die Schubladen aufgerissen, leergeräumt, und der Inhalt ist in anderen Zimmern verteilt.

Darüber, dass ein Kind so viel Chaos anrichtet, haben wir uns vorher irgendwie nie Gedanken gemacht.

Aber ich glaube, das tut man auch nicht, wenn man keine eigenen Kinder hat. Auch, dass das Windelwechseln ab einem bestimmten Alter – nämlich wenn sich das Baby eigenständig auf den Bauch drehen kann – bis zu 30 Minuten dauert, hätte ich niemandem geglaubt, wenn er es mir erzählt hätte. Ganz zu schweigen vom Essen … Ach, ich muss manchmal über das, was ich an der Uni so über die Ernährung von Säuglingen und Kleinkindern gelernt habe, echt schmunzeln.

Ich hatte in Ernährungslehre eine Eins, und jetzt sitze ich, genau wie jede andere Mutter, hilflos vor meinem Kind, das in seinem Gemüse-Kartoffelbrei mit extra vielen Vitaminen und Omega-3-Fettsäuren lieber mit seinen Fingerchen rumpatscht und ihn sich in die Haare schmiert als ihn zu essen.

Eine Mahlzeit dauert fast eine Dreiviertelstunde. Vier- bis fünfmal am Tag. Frank-Thomas und ich fragen uns, wann fängt eigentlich Erziehung an? Müssen wir Amadeus jetzt schon beibringen, dass man im Essen nicht rummatscht? Oder ist es gut, dass er das tut, weil er Essen erst mal mit allen Sinnen begreifen muss? Lernt er mit Matschen schneller oder eher langsamer, wie essen geht? Fragen über Fragen. Uns wird bewusst, was für ein sensibles Thema Kindererziehung ist. Der Alltag mit einem Baby ist jedenfalls wesentlich anstrengender, als egal welches Business es jemals sein kann, da bin ich mir sicher. Früher habe ich abends nach dem Abendessen noch einmal richtig losgelegt und zwei Stunden gearbeitet. Jetzt fällt es mir extrem schwer, nach 21:00 Uhr überhaupt wach zu bleiben. Wenn sich noch einmal irgendjemand ohne Kind über einen stressigen Job beschwert, haue ich ihm eine rein. Oder ich gebe ihm Amadeus für eine Woche zum Betreuen und Füttern.

KAPITEL 22

BUSINESS UND BABY RUND UM DIE UHR – UND WO BLEIBT DER SEX?

„Die Liebe ist ein Zeitvertreib, man nimmt dazu den Unterleib."
Erich Kästner

★♥ Ende August ist Amadeus ein paar Tage bei seiner Oma und wir haben seit gefühlten ewigen Zeiten einmal wieder zwei volle Tage, um zu arbeiten. Wir beginnen den Tag allerdings mit etwas, das wir lange nicht getan haben: Sex am Morgen! Amadeus ist eigentlich immer vor uns wach, also hatte sich dieses Thema seit Monaten komplett erledigt. Mit Bettsport starten wir schwungvoll in den amadeusfreien Tag und sind erstaunt, wie viel man ohne Kind schafft. Und wir fragen uns: Wie können wir dieses entspannte Arbeiten aufrechterhalten, während Amadeus bei uns ist? Wir sind ja zu zweit, das müsste doch möglich sein? Und schon sitzen wir abends mit einem Glas Wein zusammen und sprechen wieder über die einzigen beiden Dinge, die uns noch beschäftigen: Amadeus und unser Business. Wie war das noch gleich mit dem Sex heute Morgen? Das war doch geil, können wir das nicht wieder öfter machen?

♥ **Susanne:** Ich habe eigentlich kein Problem damit, dass sich unser Leben intensiv ums Business dreht. Das ist ein gewisser Lebensstil, der bei mir eigentlich schon immer so war. Ich liebe es einfach, mir immer wieder neue Dinge auszudenken und damit für andere Menschen im Service zu sein und Geld zu verdienen. Doch ich hatte noch nie einen Partner, bei dem das auch so war. Das ist natürlich gut für unser Geschäft, andererseits habe ich manchmal auch das Gefühl, dass unser Privatleben zu zweit und die Zeit fürs sinnlose Genießen ein wenig zu kurz kommen. Aber gut, dann ist es meine Aufgabe, dafür zu sorgen, dass es mir und uns gut geht. Ist ja nicht so, dass ich nicht schon gefühlte eine Million Mal irgendwo gelesen oder gehört hätte, dass man Zeiten für die schönen Dinge im Leben einplanen und in den Kalender eintragen soll. Doch manchmal ist es echt anstrengend, für Entspannung zu sorgen. Die Lust auf Sex beispielsweise kann einen ja auch mal ungeplant überfallen. Anfang September ist so ein Abend … Ich bin glücklich und sogar ein wenig aufgedreht. Heute habe ich meine erste Kolumne für das Männermagazin „Penthouse" geschrieben. Ich wusste gar nicht, dass ich Kolumnen schreiben kann und lache mich selbst über meine Wortakrobatik kaputt. Ich traue mich, so richtig auf den Putz zu hauen. Herrlich! Als wir ins Bett gehen, bin ich gut gelaunt und ausnahmsweise NICHT müde. Ich habe Lust auf Sex. An den letzten Abenden bin ich wie ein nasser Sack ins Bett gefallen, so k. o. war ich. Doch heute ist das anders. Ich bin hellwach. Und geil. Ich sehe mich selbst als gefeierte Kolumnistin und male mir im Geiste zahlreiche Anrufe von Top-Managern großer Unternehmen aus, die heimlich die Penthouse lesen und mich dann als Rednerin für ihre Betriebsversammlung engagieren. Auf jeden Fall habe ich ein ganz neues Schreibtalent an mir entdeckt. Das muss gefeiert werden! Mit Sex! Wer weiß, wann wir in den nächsten Tagen wieder gemeinsam ins Bett gehen, das sollten wir ausnutzen.

Doch Frank-Thomas ist mit seinen Gedanken ganz woanders und wir fallen in die typische Falle, die jedes Paar kennt: Der eine will Sex, der andere nicht, derjenige, der nicht will, setzt sich durch, und beide haben keinen Spaß.

★ *Frank-Thomas:* Wir gehen gemeinsam ins Bett und ich kriege mit, dass Susanne ziemlich aufgekratzt ist. Sie rückt näher an mich heran als sonst, streichelt mir sanft über den Oberarm. Wir reden noch ein wenig. Sie erzählt mir, wie glücklich sie über ihre Kolumne ist. Das freut mich für sie, aber ich bin momentan ganz woanders. Ich mache mir Sorgen. Ich weiß gerade nicht, wie das alles gehen soll, was wir uns vorgenommen haben. In solchen Momenten frage ich mich, ob ich überhaupt der richtige Partner für Susanne bin, ob ich genug zu unserem Firmenerfolg beitrage. Und jetzt sind wir ja auch noch für ein kleines Kind verantwortlich. Wie soll ich das alles hinkriegen? Ich habe riesige Zweifel, meine Gedanken drehen sich um alles Mögliche, nur nicht um Sex. Früher wäre in diesem Moment sicher wieder mein Fluchtinstinkt wach geworden, ich hätte mich gefragt, ob ich nicht lieber abhauen soll. Das passiert Gott sei Dank nicht mehr, seit Amadeus da ist. Nein, abzuhauen ist keine Option. Doch wie geht es weiter, wenn ich dableibe? Wie bekommen wir wieder Geld aufs Konto? Susanne hat gerade Lust auf Zärtlichkeiten, das kriege ich schon mit. Doch ich will jetzt überhaupt nicht, kann mich nicht darauf einlassen. Ich bleibe konsequent auf dem Rücken liegen und starre an die halbdunkle, vom Babynachtlicht dämmerige Schlafzimmerdecke. Ich habe auch keine Lust auf Reden, bin lieber mit meinen Gedanken allein. Ich sitze das aus. Irgendwann merke ich, dass Susanne neben mir müde wird, sie redet deutlich weniger, und noch ein wenig später höre ich an ihrem regelmäßigen Atem, dass sie eingeschlafen ist. Ich liege noch lange wach und grüble. Einschlafen kann ich heute nur schwer. Vielleicht hätten wir doch Sex haben sollen …

♥ *Susanne:* Ich stehe am nächsten Morgen auf und mache ganz normal weiter mit Baby und Business. Ein wenig frustriert bin ich auch. Doch so ist das manchmal: Zwei Menschen, zwei Welten, zwei Egos. Jeder in seiner Welt. Ich war gestern Abend happy, aber ich habe es nicht geschafft, Frank-Thomas damit anzustecken. Und er wollte sich nicht anstecken lassen. Das erleben wir umgekehrt ja auch, da habe ich dann keine Lust. Warum fällt es uns manchmal so schwer, uns aufeinander einzulassen? Wie blöd! Wenn man sich das von außen anschaut, könnte man die ganze Zeit nur den Kopf schütteln. Was wir noch mehr üben werden, ist, die Dinge in schwierigen Situationen einfach anzusprechen. Denn wenn wir das tun, ist es sofort wieder leichter, und meistens lachen wir dann zusammen. Das hätte ich gestern Abend tun sollen. Manchmal fällt es mir jedoch zugegebenermaßen schwer, über Beziehungsdinge zu reden, ohne einen unterschwelligen Vorwurf mitzutransportieren. Ich beobachte mich dann selbst, wie die Wut in mir hochkriecht. Inzwischen habe ich herausgefunden, dass es am besten ist, wenn ich das dann auch gleich mit anspreche: „Ich bin übrigens gerade sauer."

Heute Abend gebe ich mir einen Ruck und sage Frank-Thomas, dass ich Lust auf Sex habe. Und wie es wäre, wenn wir einfach direkt nach Amadeus ins Bett gehen und noch ein wenig kuscheln. In dem Moment ist das Eis gebrochen. Er sagt, dass es ihm leidtut, dass er gestern so stieselig war. Wir können über das sprechen, was uns beide beschäftigt, und dann gehen wir tatsächlich früher ins Bett und holen nach, was mir gestern gefehlt hat. Das Gespräch dauert nicht lange, aber es ist uns wichtig, um wieder Verbindung zu schaffen.

★ *Frank-Thomas:* Wir reden eigentlich nicht viel über unsere Beziehung. Ich glaube, das brauchen wir auch nicht. Man kann die Dinge auch totreden. Das Wichtige ist, die Dinge anzusprechen, die gerade zwischen uns stehen, anstatt sie mit sich herumzuschleppen. Wenn wir das tun, haben wir beide sofort wieder Energie. Susanne sagt mir, wenn ich wieder einmal allzu sehr mit meinen Gedanken beschäftigt bin, und ich sage ihr, wenn sie eine Laune hat. Man kann das ja beim anderen sehen. Wenn es um das Thema Sex geht, stellen wir jedenfalls fest:

Wenn es im Bett stimmt, läuft es auch im Business besser.

Sex hat etwas mit dem Geldfluss zu tun. Ich habe das schon öfter gehört, konnte es aber nie so recht glauben. Nun weiß ich, dass das tatsächlich stimmt. Bei Susanne kann ich das total sehen: Wenn sie sich entspannt, hat sie immer gute Ideen und kann sie auch besser verkaufen. Sie strahlt dann viel mehr Lust und Lebensfreude aus, das ist einfach attraktiver. Mir tut der Sex natürlich auch gut, und ich merke, dass ich dadurch meine Grübeleien abstellen kann. Die guten Ideen kommen bei mir nicht beim Sex, sondern wenn ich draußen in der Natur arbeiten kann. Unsere Nachbarn haben sich schon oft gewundert, dass ich unserem Hausmeister die Arbeit wegnehme, morsche Äste abschneide oder Laub zusammenreche. Im Winter stehe ich extra früher auf, um Schnee zu schippen. Mir macht das einfach Spaß. Zurück zum Sex, also ich finde, dass wir was das betrifft gar nicht so schlecht sind dafür, dass wir ein Baby haben. Zwei Clubs und eine Party haben wir immerhin in diesem Jahr auch schon besucht. Und wir starten noch in diesem Jahr eine gesundgevögelt-Coachinggruppe für Singles und Paare.

KAPITEL 23

NEUE IMPULSE AM ANDEREN ENDE DER WELT

„Wenn die Menschen sagen, sie hätten ihr Herz verloren, ist es meistens nur der Verstand." Robert Lemke

♥★ ***Susanne und Frank-Thomas:*** Den Herbst empfinden wir beide als anstrengend. Wir tätigen viele Investitionen, die sich aber nicht so richtig auszahlen wollen. Wir nehmen an Gesundheitsmessen teil, die kaum jemand aus unserer Zielgruppe besucht. Wir halten Vorträge auf Events, wo keine Zuhörer sind, und schalten eine unerhört überteuerte Anzeige in einer Beilage der „Welt", die sich nicht, wie angekündigt, mit Sexualität, sondern vor allem mit sexuellen Krankheiten befasst. Eine Anzeige mit dem Titel „gesundgevögelt" ist in diesem Umfeld natürlich irgendwie fehl am Platz und bringt auch kaum neue Leser. Doch wir lassen uns nicht unterkriegen und werden jetzt erst recht kreativ, was neue Lösungen betrifft. Und – durch die Krise kommt noch mehr Liebe in unsere Beziehung.

★ ***Frank-Thomas:*** Ich habe beim herbstlichen Laubrechen eine gute Idee, die uns innerhalb eines Tages Geld bringt: Für meine anstehenden Aufträge im Aufzugsbereich lasse ich mir einen Vorschuss auszahlen. Das klappt sofort. Kurz danach bekommen wir von unserer Bank die Nachricht, dass der Kontokorrentkredit genehmigt ist. Ich merke, dass ich Susanne damit viel Druck nehme. Prompt entwickelt sie ein paar Tage später eine neue Idee für ein Coaching-Format, das uns sofort neue Kunden bringt. Das Jahr wird erfolgreich ausklingen, das können wir langsam wieder sehen. Den Gedanken, mich noch einmal anstellen zu lassen, habe ich endgültig zu den Akten gelegt. Und Susanne hat noch etwas ganz Spezielles vor, bevor das Jahr zu Ende geht.

♥ **Susanne:** Dadurch, dass ich einen Mann habe, der wirklich hinter mir steht und an UNS denkt und nicht nur an sich selbst, kann ich unser Business besser vorwärtsbringen, und davon haben wir beide etwas. Kooperation statt Konkurrenz. Wir haben beide gelernt, nachzugeben. Mitte Oktober eröffnet sich mir eine besondere Gelegenheit: Ich kann im November an einem zehntägigen Business-Seminar für Frauen auf Hawaii teilnehmen. Vor vielen Jahren bin ich schon einmal dort gewesen und weiß, es ist traumhaft. Und der Gedanke an diese Reise gibt mir wieder neuen Schwung. Dieses Jahr bin ich babybedingt für meine Verhältnisse wenig gereist. Ich habe sehr große Lust auf dieses Seminar auf der Insel Maui und bin mir sicher, dass mich diese Investition noch weiter in meinen Ideen beflügeln wird und wir nächstes Jahr mit neuen Projekten wieder richtig durchstarten werden. Frank-Thomas sagt zu meinem Erstaunen sofort Ja zu meinen Reiseplänen. Er kennt mich mittlerweile gut genug und weiß, dass ich davon profitieren werde. Er wird sich in dieser Zeit um Amadeus kümmern.

★ **Frank-Thomas:** Klar kann Susanne nach Maui fliegen, für mich ist das gar keine Frage. Ich war schließlich dieses Jahr im Mai auch zehn Tage allein in Kapstadt, um die Route für meine kommenden Harley-Touren und Südafrika-Seminare zusammenzustellen, da war Susanne mit unserem Kleinen allein. Wir müssen nur schauen, wie wir das alles finanzieren. Wir sind uns beide einig, was wir wollen, und deshalb funktionieren die Dinge letztendlich auch. Es ist nicht so schwer, sich nach einem Rückschlag wieder geradezurücken und eine Kurskorrektur vorzunehmen, weil wir ein Team sind und uns gegenseitig unterstützen.

Wir wollen beide gemeinsam Unternehmer sein.

Momentan ist es noch mehr Susannes Business, klar, sie ist schon länger selbstständig, aber auch ich baue mir im Rahmen unserer GmbH Stück für Stück meine eigenen Projekte auf. Nächstes Jahr findet die erste Motorradtour in Südafrika statt und ich plane, in München Service-Trainings für Teams und Unternehmer anzubieten. Susanne unterstützt mich dabei: Die erste Anmeldung für meine Motorradtour kommt von dem Ehemann einer Kundin von Susanne. Wir sind uns beide sicher, dass wir in den letzten zweieinhalb Jahren viele richtige Entscheidungen getroffen haben. Und wir werden auf jeden Fall weiterforschen. Für unser Lebensmodell gibt es kaum Vorbilder, wir sind damit wahre Pioniere.

Ich glaube, viele Paare haben keine gemeinsamen Visionen, Ziele und Projekte. Stattdessen drehen sie sich um sich selbst und verlieren sich in Erwartungen und Vorwürfen. Jeder macht sein Ding und versucht, den anderen davon zu überzeugen. Ich habe das ja früher schon bei meinen Freunden beobachtet.

Wenn jeder etwas anderes will und es keine gemeinsamen Ziele gibt, dann trennen sich Paare über kurz oder lang wieder.

♥ **Susanne:** Der Gedanke, in die Sonne zu fliegen, gibt mir Auftrieb. Ich kann mir zwar noch überhaupt nicht vorstellen, mein Baby ganze zwölf Tage lang nicht zu sehen – das fühlt sich komisch an –, aber ich bin mir sicher, dass der Zeitpunkt genau wirklich richtig ist. Mitte Oktober buche ich den Flug und nur wenige Tage später kommt mir eine geniale Business-Idee: Während ich bei offenem Fenster in der milden Oktobersonne sitze und von Maui träume, erscheint der Plan deutlich vor meinem inneren Auge: Ich schreibe Bücher und ich bin Coach. Wieso coache ich eigentlich nicht andere Leute darin, wie sie Bücher schreiben? Manchmal sind die besten Ideen ganz banal. Noch bevor ich nach Maui fliege, habe ich die ersten beiden Kunden.

★ **Frank-Thomas:** Am 17. November fahre ich Susanne und drei weitere Teilnehmerinnen mitten in der Nacht zum Frankfurter Flughafen. Amadeus ist für die nächsten zwei Tage bei Freunden untergebracht, und ich werde die Zeit nutzen, um in Frankfurt noch einen Auftrag zu erledigen. Das wird die nächsten zehn Tage noch ein Abenteuer mit Amadeus, ich weiß noch nicht, was da auf mich zukommt. Ich bin jedenfalls erst zufrieden, dass ich alle pünktlich am Flughafen abliefere, und besuche nachmittags eine Bekannte in der Nähe von Frankfurt. Susannes Abenteuer geht jetzt los. Meines beginnt morgen Abend, wenn ich wieder zu Hause bin und Amadeus abhole.

♥ **Susanne:** Ich gebe zu, ein wenig komisch ist das schon, fast zwei Wochen ohne den Kleinen. Als frischgebackene Mutter ist man ja sehr eng mit dem Baby verbunden, auch körperlich. Das fehlt irgendwie. Und ich habe natürlich auch ein wenig Bedenken, ob das ohne mich alles so klappt. In jungen Familien ist es üblich, dass die Männer viel unterwegs sind, auch wenn die Kinder noch ganz klein sind, das ist – je nach Job – normal. Aber die Frauen? Frank-Thomas und ich kennen kaum Frauen, die solche Reisen machen, noch bevor das Kind ein Jahr alt ist. Und ich werde sehr weit weg sein, die Flugzeit beträgt über 24 Stunden! Da kann ich also nicht einfach vorbeikommen, falls irgendetwas ist. Aber ich entscheide mich, diesbezüglich lockerzulassen. Meine beiden Männer kriegen das schon hin. Ich gebe Frank-Thomas einen Kuss und gehe durch den Securitycheck. Er wird sich genauso gut um Amadeus kümmern wie ich. Okay, er ist natürlich ein Mann – ob er daran denkt, dem Kleinen ab und zu den Po einzucremen? Das sind so Kleinigkeiten, die mir durch den Kopf gehen, bevor ich in den Flieger steige. Aber wir werden zwischendurch ja auch über Skype miteinander sprechen. Die ersten drei Tage bleibt Amadeus ohnehin bei Tina und Frank, zwei Freunden von uns. Die kennt er, bei denen war er schon öfter und dort ist er gut aufgehoben. Und dank der modernen Technik kann ich sogar im Flieger WhatsApp-Nachrichten lesen. Tina schickt mir schon Fotos, während ich noch auf das Boarding warte. Spätestens als ich den Atlantik sehe, vermisse ich meinen Kleinen. Und ein wenig später beginne ich auch, Frank-Thomas zu vermissen. Ich habe viel Zeit, auf diesem Flug über die letzten Jahre nachzudenken. Es ist wirklich verrückt. Was als „Vernunftbeziehung" begonnen hat, ist heute eine viel tiefere und liebevollere Verbindung geworden als ich mir je vorstellen konnte.

**Am anderen Ende der Welt wird mir endgültig klar,
dass ich Frank-Thomas liebe.
Es hat seit der ersten Begegnung fast sechs Jahre gebraucht.**

Jetzt sitze ich auf dem Balkon meines Hotelzimmers, blicke auf die drei kaskadenartig angeordneten Pools unten in der fantastischen Hotelanlage und schreibe ein paar E-Mails. Es ist gerade Seminarpause. Ja, ich bin wieder auf einem Seminar! Und sogar auf Maui! Ja, ich liebe es zu lernen und zu reisen! Frank-Thomas und Amadeus machen jetzt zu Hause Männer-WG. Und – ja – irgendetwas ist ganz anders als sonst. Ich bin hier, aber irgendwie nicht richtig. Meine Stimmung ist seltsam, als würde ich nicht hierher gehören. Ich vermisse die beiden, sehr sogar. Gestern Abend war ich traurig und hatte zum ersten Mal in meinem Leben das Gefühl, dass ich bei meiner Familie und nirgendwo anders sein sollte. Ich bin in einem Luxushotel an einem der schönsten Orte der Welt und vermisse meine beiden Männer. Es ist kaum vorstellbar, wie sehr! Ich vermisse Frank-Thomas. Ich liebe ihn. Ja, ich liebe ihn wirklich. Es waren seit meiner Verlobung mit ihm zweieinhalb Jahre nötig, um das zu erkennen. Oder zu entwickeln. Zu fühlen. In diesem Moment, da ich diese Empfindungen aufschreibe, laufen mir die Tränen die Wangen hinunter. Manchmal erkennt man Dinge erst mit etwas Abstand. Oder mit viel Abstand. Wenn ich an ihn und Amadeus denke, wird mir warm ums Herz wie noch nie zuvor in meinem Leben.

Bei so vielen Männern ist mir das „Ich liebe dich" so leicht über die Lippen gegangen, als hätte es keine Bedeutung. Jetzt fällt es mir schwer.

Richtig schwer. Was für einen fantastischen Mann habe ich da. Ich habe es bis jetzt noch nicht fertig gebracht, ihm genau das zu sagen. Ich habe ihm noch nie gesagt, dass ich ihn liebe. Es wird Zeit.

KAPITEL 24

FEIERABEND IN DER MÄNNER-WG

„Hallo, Mama auf Maui! Papa und mir geht's super!"
Amadeus im November 2013 (wenn er schon sprechen könnte)

★ **Frank-Thomas,** Tag 3 in der Männer-WG, Skype mit Maui-Mama: Hallo Susanne! Amadeus und ich kommen hier gut klar. Warum auch nicht? Es ist anstrengend, ja. Abends bin ich kaputt. Wenn der Kleine im Bett ist, könnte ich mich auch gleich hinlegen. Ich mache dann aber noch unsere Buchhaltung oder schreibe Protokolle für mein Liftmanagement-Projekt. Vorgestern wollte ich eigentlich einen Männerabend mit Chips und Bier machen. Aber daraus ist nichts geworden. Erst ist Amadeus auf der Couch eingeschlafen und dann ich. Direkt nach dem dritten Schluck Bier. Letzte Nacht wollte Amadeus zweimal ein Fläschchen. Ich habe ihn schon nach dem ersten Mal zu mir ins Bett geholt. Beim zweiten In-die-Küche-Gehen habe ich ihn im Bett gelassen. Na ja, und dann wollte er wohl hinter mir her und ist aus dem Bett gefallen. Das habe ich bis in die Küche gehört. Es ist aber nichts passiert. Und heute Morgen hat er sich in der Küche einen Topf auf den Zeh geworfen. Ich glaube, ich muss eine Kindersicherung am Schrank neben dem Herd anbringen.

♥ **Susanne:** Ach herrje. Ich will das gar nicht alles wissen, glaube ich …

★ **Frank-Thomas:** Ach was, es ist doch nichts passiert. Amadeus probiert halt alles aus, will alles erforschen. Dem geht's gut.

★ **Frank-Thomas:** Tag 5. Heute bin ich echt kaputt. Das ist doch ganz schön anstrengend. Man ist nur noch mit Füttern, Umziehen, Putzen, Wäsche waschen, Einkaufen und Aufräumen beschäftigt. Abends erledige ich Rechnungen. Momentan funktioniere ich echt nur noch. Gestern Nacht hat Amadeus mich ausgetrickst. Er hat um 02:00 Uhr Theater gemacht und ich bin in die Küche gegangen, um ein Fläschchen für ihn zuzubereiten, und als ich fertig war, hat er schon wieder geschlafen. Bis 06:00 Uhr immerhin, das war richtig lange. Als er die Augen aufgemacht hat, habe ich ihm dann die kalte Milch gegeben. Mal sehen, wie das heute Nacht läuft.

♥ **Susanne:** Und die hat er getrunken? Ja, ein Tag mit Kind ist wesentlich anstrengender als ein Arbeitstag. Das können sich Leute ohne Kind überhaupt nicht vorstellen. Ich habe das auch total unterschätzt. Ich finde es sooo wunderbar, dass Du das alles machst und Dich so toll um den Kleinen kümmerst. Wirklich. Du bist fantastisch. Danke!

WhatsApp-Nachricht, Tag 6, 06:47 Uhr:
„Hallo Mama, heute bin ich seit kurz nach 06:00 Uhr wach. Papa wollte noch ein wenig liegen bleiben und ich habe in meinem Bett gespielt. Jetzt ist der Papa auch wach und ich flitze wieder wild durch die Wohnung."

★ *Frank-Thomas:* Tag 7, 18:30 Uhr. Amadeus habe ich gerade ins Bett gebracht. Heute waren wir beide auf einer Fortbildung, zu der ich ihn mitbringen konnte. Das hat gut funktioniert, alle haben sich abwechselnd um ihn gekümmert. Irgendwann saß er auf dem Schoß des Trainers. Heute hat er tagsüber gar nicht geschlafen. Er hätte ja etwas verpassen können. Als wir eben nach Hause gekommen sind, habe ich erst einmal wieder den Küchenboden gewischt. Ich bin nur noch am Putzen und Aufräumen. Er räumt ja alles aus, Spielsachen, Schränke, Mülleimer, und verteilt die Sachen dann überall. Er lässt keinen Stein auf dem anderen. Und das Essen, na ja, momentan isst er nicht so viel.

Brei kannst du zur Zeit ganz vergessen, ich habe ihm eben noch eine Waffel gegeben und einen fertigen Mini-Grießbrei. Und ein paar Scheiben Gurke hat er auch gegessen. Immerhin ist seine Erkältung besser geworden. Er hustet nicht mehr so stark, aber schnieft noch ziemlich. Ich wische ihm dann immer die Rotzfahnen ab. Ist jetzt aber natürlich nicht so, dass er von der Erkältung beeinträchtigt wäre, er macht ja trotzdem volle Pulle weiter, auch wenn ihm beim Niesen der Schnuller aus dem Mund fliegt.
Und er hört gern Musik, bewegt sich dazu, das gefällt ihm. Morgens mache ich jetzt immer als Erstes das Radio an. Er steht dann vor der Musikanlage, wippt mit dem ganzen Körper hin und her, wackelt mit dem Kopf und untersucht fasziniert die blinkenden Anzeigen. Und ich habe ihm beigebracht, aus dem Bett zu klettern. Rückwärts. Das kann er schon.

Mit unseren Männerabenden, also das ist bisher anders gelaufen als ich dachte. Von wegen Chips und Bier. Eher Milch und früh ins Bett. Gestern der zweite Versuch. Na ja, ein halbes Glas Rotwein habe ich noch geschafft, bevor ich weggedöst bin. Aber ich will mich nicht beschweren, der Kleine ist toll!
Ich vermute, diese Nacht wird wieder kürzer, weil er jetzt schon schläft. Aber heute Nacht wird er mich bestimmt nicht austricksen, sondern wirklich Hunger haben.

19:00 Uhr: Oh, ich höre ihn schon. Dann will er jetzt doch noch sein Abendessen. Ich mach dann mal los.

★ *Frank-Thomas:* Tag 8, 22:00 Uhr. Wenn Du mich fragst, was meine größte Herausforderung mit Amadeus und unserer Männer-WG ist: Durch die Erkältung isst er nicht so viel. Ich finde es echt schwierig, herauszufinden, was er denn jetzt essen könnte. Was braucht er? Was will er? Heute Nachmittag hat er nur Gurken und Mandarinen gegessen. Kräftiges Essen, Gemüse oder Fleisch, mag er gar nicht. Aber gut, er bekommt ja noch zwei- oder dreimal am Tag Fläschchen, da sind alle Vitamine drin. Die Fläschchen kriegt er abends und nachts. Wenn er tagsüber mehr essen würde, könnte er vielleicht nachts durchschlafen. Aber das ist egal. Mir macht es nichts aus, nachts aufzustehen. Was ich erstaunlich finde, ist, dass ich sofort wach werde, wenn er sich meldet. Das hätte ich mir früher nicht vorstellen können. Da hatte ich einen so tiefen Schlaf, da hättest du das komplette Schlafzimmer um mich herum abbauen können und ich hätte es nicht gemerkt. Und weil ich nun einmal Frühaufsteher bin, stört es mich auch nicht, wenn er morgens wach wird. Außer vielleicht vorgestern, da war ich echt noch fertig von der kurzen Nacht.

Die andere Herausforderung ist, ihn immer im Auge zu behalten. Wenn ich ihn in seinen Laufstall setze, macht er ziemliches Theater. Gestern hat er herausgefunden, dass das Ding auch eine Tür hat! Kann also sein, dass er demnächst ausprobiert, wie er die öffnen kann … Er läuft mit seinen gerade einmal elf Monaten durch die ganze Wohnung, räumt alles aus und trägt es irgendwo anders hin. Am liebsten räumt er seine Wickeltasche aus, und zwar komplett! Er mag ja gern Mandarinen, es sind immer ein paar da drin. Gestern hat er sich eine geschnappt und versucht, sie wie einen Apfel zu essen. Er hat die Schale dann aber wieder ausgespuckt, hat gemerkt, dass die nicht so lecker ist, und nur das Innere gegessen. Gestern hat er in eine Toilettenpapierrolle gebissen. Vorher hat er sie ja immer nur abgerollt, aber gestern hat er die silberne Abdeckung des Halters hochgeklappt und in das Papier gebissen. Ich habe gedacht, ich sehe nicht richtig. Der erlebt mit seinen elf Monaten ja schon Sachen! Was ich ja witzig finde, ist, dass hier die aktuelle Penthouse auf dem Wohnzimmertisch liegt und er darin herumblättert. Das hätte es bei uns früher nicht gegeben, oder?

♥ **Susanne:** Ach, ist die schon erschienen? Scan mir doch bitte die Seite mit meiner Kolumne ein und schick sie mir. Da bin ich gespannt, wie die im Layout aussieht. Nein, Penthouse auf dem Wohnzimmertisch hätte es bei mir früher definitiv nicht gegeben!

★ **Frank-Thomas:** Amadeus hat sich auch schon über meine Autozeitung hergemacht und einige Seiten rausgerissen. Also, das sind so die Männerthemen hier. Alles andere ist eigentlich Standard. Windeln wechseln, Bodys ausziehen und wieder frische anziehen, nachdem er zum Frühstück erst einmal alles vollgekleckert und eingesaut hat. Das ist alles easy going. Amadeus hilft mir immer beim Müll runterbringen. Rasieren habe ich ihm auch schon gezeigt. Heute früh habe ich mir erlaubt, im Schlafzimmer einmal unters Bett zu schauen, und dachte nur: Ach Herrje, da hat auch lange keiner mehr von uns drunter geguckt. Ich habe dann gleich geputzt und Amadeus hat mir dabei zugesehen. Beim Bettenmachen ist er auch immer dabei. Ich erkläre ihm dann, dass man die Schlafanzüge zusammenlegt und die Bettdecken faltet und schön hinlegt. Manchmal ist ihm das zu langweilig und er geht zur Kommode und räumt meine Socken aus. So, jetzt gehe ich schlafen. Morgen früh wird unser kleiner dynamischer Wecker wieder pünktlich loslegen.

♥ **Susanne:** Apropos Wecker: Ich musste ja neulich so lachen, als Katrin zu Besuch war und mich verwundert gefragt hat, ob wir denn gar keinen Wecker im Schlafzimmer hätten. Doch, habe ich gesagt, wir haben einen Wecker. Den kann man nur nicht so genau stellen wie einen mit Zeigern oder einen digitalen. Aber er wird IMMER vor uns wach. Gute Nacht!

KAPITEL 25

LIEBESBRIEF AUS HAWAII

„Jemanden zu lieben, bedeutet, ihn daran zu erinnern, wer er wirklich ist." Unbekannt

♥ *Lieber Frank-Thomas,*

Du kennst mich lange genug und weißt, dass mir eigentlich nie die Worte fehlen. Ich halte Vorträge vor über 1.000 Leuten, kann stundenlang telefonieren oder Leute coachen und habe in Gesprächen oft das letzte Wort. Doch weißt Du was? Es gibt eine Sache, die mir unglaublich schwer fällt zu sagen. Ich weiß nicht genau, warum. Es sind eigentlich nur drei Worte, die ich einfach nicht über die Lippen bringe. Ich warte immer auf den richtigen Moment, aber der kommt irgendwie nie. Ich habe diese Worte schon zu anderen gesagt, das sollte eigentlich nicht so schwer sein. Aber wenn ich nur daran denke, sie Dir zu sagen, schnürt sich mein Hals zusammen und mir kommen Tränen. Mist! Vielleicht, weil ich so unglaublich gerührt bin und jeden Tag neue Seiten an Dir entdecke, die mir mehr Grund geben, dir diese Worte zu sagen. Wieso ist das so schwer? Vielleicht, weil ich Angst davor habe, dass irgendetwas passieren könnte, das diesen Zauber zerstört, wenn ich sie ausspreche. Oder weil sie so kraftvoll sind, dass ich vor Ehrfurcht erstarre. Denn ich habe endlich denjenigen gefunden, der es mehr als alle anderen verdient, dass ich sie ihm sage. Vielleicht liegt es genau in der Magie dieser drei Worte, dass sie den Menschen, zu dem sie wirklich gehören, erst nach vielen Umwegen und Hindernissen erreichen. Dass derjenige, der sie aussprechen will, zuerst seine inneren Dämonen besiegen und die letzten Widerstände und alle Kontrolle aufgeben muss. Je schwerer es fällt, sie auszusprechen, umso wichtiger ist es wohl, genau das zu tun. Vielleicht bist Du der erste Mann, dem ich diese Worte mit dem Herzen sagen möchte und nicht mit dem Kopf. Das Herz kennt nur Lachen oder Weinen. Das Herz kennt keine Worte. Ich möchte es versuchen. Gib mir ein wenig Zeit. Vielleicht funktioniert es, wenn ich erst einmal umschreibe, was ich Dir sagen möchte, wenn ich sozusagen einen Spannungsbogen aufbaue (ist ja eine meiner Spezialitäten, wie du weißt). Manchmal ist Schreiben einfacher als Reden.

Anderen erzähle ich, dass ich den tollsten Mann auf der ganzen Welt habe. Den Frauen hier auf dem Seminar habe ich gesagt, dass ich unglaublich stolz auf Dich bin, dass Du Dich in diesen zehn Tagen allein um unseren Amadeus kümmerst und ich mich hier entspannen kann. Einige schauen mich neugierig an und ich denke dann, ja, es ist wirklich wahr, mein Mann ist fantastisch. Dass Du Dich in alles so reinhängst und mich so sehr unterstützt, ist keineswegs selbstverständlich. Mit Dir muss ich nicht diskutieren oder mich rechtfertigen. Ich kann bei Dir so sein, wie ich bin. Ich muss mich nicht zurückhalten oder verstecken oder verbiegen oder irgendetwas anderes tun. Ich kann einfach sein, wie ich bin. Das ist ein großes Geschenk und eine Gabe, die Du hast. Bei Dir können Menschen so sein, wie sie sind.
Mit Amadeus hast Du mir das größte Geschenk gemacht, dass ein Mann einer Frau jemals machen kann. Und dass Du Dich so hingebungsvoll um ihn kümmerst und ihm ein so wundervoller Papa bist, damit machst Du mir jeden Tag ein neues Geschenk.
Ich habe mir immer einen Mann wie dich gewünscht. Immer. Und ich schäme mich, dass ich Dich so lange nicht gesehen habe.
Ich bin so unglaublich dankbar, dass Du damals, am 19. Juni, so mutig warst. Ich bin so dankbar, dass wir beide uns gefunden haben und ein Team geworden sind. Dass Du mein Partner werden wolltest. Und ich bin dankbar, dass das Universum schon 2005 die Weichen gestellt hat, dass wir uns überhaupt finden konnten …

Wenn ich meine eigenen Worte so lese und in mich hineinspüre, glaube ich, dass meine größte Angst ist, Dich zu verlieren. Ich will Dich nicht verlieren, nie mehr. Ich will den Rest meines Lebens mit Dir verbringen, mit dir noch mindestens ein weiteres Baby bekommen, mit Dir noch viele Bücher schreiben, eine große Firma bauen. Irgendwann möchte ich einmal Harley mit Dir fahren.
Ist das nicht verrückt? Ich muss bis ans Ende der Welt fliegen, an einen Ort, der so viel schöner ist als Deutschland jetzt gerade im trüben November, um mir darüber klar zu werden, dass ich eigentlich trotzdem viel lieber bei Dir wäre. Dass ich Dich vermisse. Dass ich Dich liebe.

Ich liebe Dich, Frank-Thomas. Mehr als ich jemals irgendjemanden geliebt habe.

Ich liebe Dich.

Puuuhhh …

Danke, dass es Dich gibt.

Jetzt weiß ich nicht, ob ich weinen oder lachen soll …

Ich bin irgendwie verlegen. Und ich muss aufs Klo. Okay, dann mache ich das jetzt erst einmal. Ich wünsche Dir eine gute Nacht. Schlaf gut und träum etwas Schönes. Und lass Dich nicht von Amadeus austricksen. Nimm ihn zu Dir ins Bett. Ich bin bald wieder da und freue mich auf Euch beide! Gib Amadeus einen dicken Kuss von mir!

KAPITEL 26

ZWISCHEN DEN JAHREN

♥ *Susanne:* Wo stehen wir eigentlich heute, wir zwei?

★ *Frank-Thomas:* Wie, wo wir stehen? Also ich sitze gerade am einen Ende der Couch und du am anderen. Oder was meinst Du?

♥ *Susanne:* Wie ist es für Dich jetzt mit unserer Beziehung, nach zweieinhalb Jahren? Hast Du Dir Beziehung so vorgestellt?

★ *Frank-Thomas:* Für mich ist es ganz anders, als ich es mir vorgestellt habe. Ich hatte immer die Idee, ich hätte einen Job und bringe das Geld nach Hause. Ich hätte nie gedacht, dass ich eine Firma mit meiner Frau habe. Klar, ich dachte schon, dass meine Frau auch einen Job hat und Geld verdient. Und dass wir uns gleichermaßen um unser Kind und auch den Haushalt kümmern. Alles auf Augenhöhe, das wollte ich schon. Aber dass wir zusammen eine Firma haben, davon hatte ich keine Idee. Und so ein tolles Kind, das habe ich mir irgendwie auch nicht so vorgestellt. Den hast Du echt gut hingekriegt, damit hast Du mir ein riesengroßes Geschenk gemacht. Na ja, wir haben ihn beide gut hingekriegt, ich habe ja ein kleines bisschen dazu beigetragen. Ich finde es toll, dass ich den Kleinen aufwachsen sehen kann, das hätte ich mir nie träumen lassen. Es war so schön, letzte Woche seinen ersten Geburtstag zu feiern, mit allen vier Großeltern. Auch Weihnachten als Familie war total schön. Das erste richtige Weihnachten, mit uns allen zusammen und unserem geschmückten Weihnachtsbaum. So habe ich mir das immer gewünscht und jetzt ist es endlich wahr geworden. Das zweitschönste Geschenk, das Du mir gemacht hast, ist der Brief aus Hawaii. Der hat mich total berührt. Ich habe ihn mehrmals an dem Tag gelesen und er

ist mir immer wieder durch den Kopf gegangen. Auch ich wusste nicht, ob ich lachen oder weinen soll. Wirklich, so tief gerührt war ich. Was mich auch berührt hat, war, dass Du gesagt hast, Du willst nächstes Jahr wieder schwanger sein. Dass Du es mir zutraust, noch ein zweites Kind zu haben und großzuziehen und das alles hinzukriegen, das ist wirklich toll. Unsere Beziehung wird immer schöner. Wir sind ein tolles Team, wenn wir irgendwo zu dritt auftreten, das macht echt Spaß! Wir haben in diesem Jahr unsere Herausforderungen gemeistert und einige Fehler gemacht. Wir lernen immer wieder dazu.
Und überhaupt, das Thema Sex funktioniert super bei uns, dass wir da so viel probieren, finde ich toll. Und dass wir nun auch in dem Bereich andere coachen, das ist der Hammer. Ich hätte nie im Leben gedacht, dass ich anderen Menschen von meinen Erlebnissen im Swingerclub erzähle. Und dass ich andere damit unterstützen kann, einfach indem ich ihnen von meinen eigenen Ängsten und meinen eigenen Erfahrungen berichte, und ihnen so ein Stück ihrer eigenen Angst nehmen kann. Und dass ich damit sogar Geld verdienen kann. Das hätte ich mir in meinen kühnsten Träumen nicht vorstellen können, wirklich nicht.
Wir haben unglaublich viel erreicht in den letzten zweieinhalb Jahren. In einem irren Tempo! Wirklich, wenn mir das jemand früher erzählt hätte, ich hätte diesem Menschen gesagt, dass er wohl nicht alle Latten am Zaun hat. Und trotz allem – oder vielleicht gerade deshalb? – habe ich wirklich das Gefühl, wir stehen noch ganz am Anfang – von etwas sehr Großem und Bedeutendem ...
Ja, unsere Beziehung ist anders, als ich es mir vorgestellt hatte. Ganz anders. Besser. Mit Dir habe ich die Möglichkeit, so zu leben, wie ich es will: Mit diesem fantastischen kleinen Jungen, der da drüben im Bettchen liegt, und mit Dir, mit unserer Firma, mit unserer Wohnung, mit unseren Erlebnissen beim Sex und ... für all das liebe ich Dich, Susanne.

EPILOG

♥ **Susanne:** Wie beendet man so ein Buch? Es ist eigentlich nie zu Ende, denn unser Leben geht ja weiter. Und jeden Tag passieren neue Dinge, über die wir schreiben könnten. Man muss einfach irgendwann sagen, stopp, bis hierhin und dann ist Schluss. Und später gibt's ein neues Buch. Frank-Thomas und ich entscheiden, das Buch kurz nach Weihnachten enden zu lassen. Am 24. Dezember 2013 sind wir genau zweieinhalb Jahre zusammen. Am 21. Dezember 2013 ist Amadeus ein Jahr alt geworden.
Die größte Herausforderung des letzten halben Jahres haben wir noch gar nicht erwähnt. Nämlich dieses Buch zu schreiben. Neben allem, was wir so erlebt haben, hatte das nämlich keine unwesentliche Bedeutung. Ein Buch zu schreiben mit einem Baby, das gerade ein paar Monate alt ist, und dann noch in einer finanziellen Krisensituation, das ist schon ziemlicher Wahnsinn. Aber irgendwie hat es ja doch geklappt. Man wächst bekanntlich mit seinen Aufgaben. Ich habe in den zweieinhalb Jahren, die ich mit Frank-Thomas bisher zusammen bin, zwei Bücher geschrieben. Das geht – auch schwanger beziehungsweise mit kleinem Kind. Es geht viel mehr im Leben, als wir alle zu denken wagen. Doch die richtig großen Sachen gehen nur als Team, mit jemandem, der das gleiche will. Ich hätte das alles nicht machen können, wenn ich einen anderen Partner gehabt hätte, der nicht so stark und kooperativ gewesen wäre, das ist klar. Wir haben auch an diesem Buch als Team gearbeitet.

> **Die meisten Menschen glauben, dass sie alles am besten selbst und alleine bewerkstelligen können. Auch ich selbst habe das lange geglaubt. Heute weiß ich: Das ist ein Trugschluss!**

Mit Frank-Thomas erlebe ich jeden Tag, welche Kraft aus echter Teamarbeit kommt. Wir haben viel miteinander geredet, ich habe sehr viele

„Interviews" mit ihm geführt. Im Wohnzimmer, beim Spazierengehen, im Bett, im Auto, auf Sexpartys, überall, wo uns beiden gerade Ideen oder Anekdoten in den Sinn gekommen sind. Alles, was er in diesem Buch sagt, hat er tatsächlich so gesagt. Ich betone: gesagt. Geschrieben habe ich es. Wir haben eine klare Rollenteilung: Er ist der Manager, ich bin die Autorin. Seine Passagen zu schreiben, hat mir lustigerweise fast mehr Spaß gemacht, als meine eigenen zu formulieren. Und wir haben festgestellt: Wenn mehr Paare Bücher zusammen schreiben würden, gäbe es sicher weniger Scheidungen. Oder schnellere. Selten hat man die Gelegenheit, so ehrlich mit dem Partner zu sprechen. Das gemeinsame Schreiben hat Verbindung gebaut. Wenn ich schlechte Laune hatte oder nicht inspiriert war, habe ich mir Frank-Thomas geschnappt und ihm Fragen gestellt. Sofort war die Stimmung gut. Im Juni 2013 habe ich angefangen, zu schreiben. Ein halbes Jahr ist seitdem vergangen. Eine Lebensphase, die mir wieder einmal zeigt, dass viel mehr möglich ist, als man selbst denkt und als viele andere sagen.
Paare, die Projekte und Ziele haben, die BEIDE wollen und die BEIDE in die gemeinsame Richtung blicken lassen, können viel mehr erreichen und haben deutlich weniger Beziehungsstress! Gäbe es mehr dieser Paare, gäbe es auch weniger Streit, Scheidungen, Trennungen und Kriege auf der Welt. Weil es dann viel spannendere und spaßigere Dinge gibt, mit denen man die gemeinsame Zeit verbringen kann …

★ ***Frank-Thomas:*** Genau. Ja, wir hatten viele Herausforderungen. Und die haben uns nicht streiten und gegeneinander kämpfen lassen, sondern zusammengeschweißt. Gerade dadurch haben wir mehr Verbindung gebaut. Ich glaube, das ist es, was es heißt, gemeinsam in die gleiche Richtung zu schauen. Vor einigen Jahren habe ich einmal mit meinem Opa gesprochen, der ganze 60 Jahre lang mit meiner Oma verheiratet war. Er hat gesagt, dass man in einer Beziehung immer wieder durch Höhen und Tiefen geht und dass es oft nicht leicht ist. Sein wichtigstes Geheimnis war, dass man sich als Paar einfach jeden Tag aufs Neue zusammenraufen muss, egal, was passiert. Ich habe in diesen zweieinhalb Jahren viel über die Liebe gelernt, und ich glaube, es ist sehr wichtig, dass man die Neugier auf sich selbst und auf den anderen nicht verliert. Ich kann jedenfalls sagen: Das war die genialste Zeit meines Lebens. Bisher. Und ich freue mich auf alles, was noch folgt!

★♥ *Susanne und Frank-Thomas:* Was ist es nun, das Geheimnis glücklicher Beziehungen im 21. Jahrhundert? Wenn ihr uns fragt: Es sind nicht nur die Gefühle füreinander – es ist vor allem die bewusste Entscheidung füreinander. Dass beide sich entscheiden, bestimmte Dinge zusammen tun zu wollen: Kinder großziehen, ein Herzenshobby teilen, seine Freizeit gemeinsam verbringen, Sex haben, zusammen Unternehmer sein. Oder alles gleichzeitig. Was genau man teilen möchte, das kann – und muss – jedes Paar selbst entscheiden. Es kommt eben darauf an, was einem wichtig ist.

Liebe entwickelt sich aus der Entscheidung füreinander und aus den Gemeinsamkeiten.

Wir wollen neugierige Menschen inspirieren, selber neue Wege zu gehen und so wundervolle Erfahrungen zu machen, wie wir sie gemacht haben. Wir würden gerne mit Euch Eure Liebes- und Lebensgeschichten austauschen und laden Euch ein, uns auf einem unserer Vorträge oder Seminare persönlich kennen zu lernen.

Meldet Euch über eine unserer Homepages oder schreibt uns direkt an office@susannewendel.de.

Wir freuen uns auf Euch!

NACHWORT

VON SONJA BECKER

"Unsere Pflicht ist hier klar und deutlich. Wir müssen Liebe verstehen; wir müssen imstande sein, sie zu lehren, sie zu erschaffen, sie vorauszusagen, oder die Welt verliert sich in Feindseligkeit und Argwohn.

Der Kern der Beschreibung von Liebe muss subjektiv oder phänomenologisch sein anstatt objektiv oder behavioristisch. Keine Beschreibung, keine Worte können je die vollen Eigenschaften der Liebeserfahrung jemandem mitteilen, der sie selbst nie gefühlt hat."
Abraham H. Maslow

Liebe Susanne, lieber Frank-Thomas,
ihr gehört zu den mutigen Seelen, die den neuen Zeitgeist mit anführen und mit ihrer eigenen Geschichte eine Inspiration und Vorbild für viele Menschen sein werden.

Danke für die Ehrlichkeit und die Verletzlichkeit, der ihr euch aussetzt, denn wer sich tatsächlich human zeigt, wird leider noch attackiert. Aber die Zeit ist auf Eurer Seite, weil immer mehr Menschen echte Liebe leben werden!

Sonja Becker
High Performance Leadership Coach
www.wailea.de

Health & Fun GmbH

Bühnen-Abende und Jahrestraining für Rampensäue

**Business-Coaching für Leute,
die sich selbstständig machen wollen**

**Wie wär's mit uns beiden? –
Partys und Wochenend-Seminare**

gesundgevögelt-Talk am Abend Coaching Gruppe

**Perspective for Leaders –
Motorradtouren und Coaching u.a. in Südafrika**

Alle Infos unter www.health-fun.de/seminare-workshops
oder direkt anfragen an office@health-fun.de

Susannes Spezial-Report mit den wichtigsten Trends und Tipps rund um Gesundheit, Beziehung und Sex im 21. Jahrhundert zum Download unter

www.susanne-wendel.de

Erfüllen Sie sich Ihren Traum vom eigenen Buch!

Sie möchten ein Buch schreiben und veröffentlichen?
Wir unterstützen Sie bei allen Schritten!

Erfolgsautorin Susanne Wendel & Buchcoach und Lektorin Isabella Kortz begleiten (Debüt-)Autoren, Trainer, Speaker, Unternehmer und Privatkunden auf dem Weg zum eigenen Buch.

Individuelles Coaching & Workshops zu:
Thema und Titel finden, Exposé erstellen, Manuskript schreiben, Verlag suchen (E-Book, Print, cleveres Marketing, Finanzierung & mehr ...

Interesse an einem 30-minütigen Schnupper-Buchcoaching? Schreiben Sie eine Mail an:
mail@isabella-kortz.de oder
office@susannewendel.de

www.buchcoaching.de

SUSANNE WENDEL
...hier sprüht die Energie!

Sex heilt die Seele

Sex macht seelisch gesund. „Richtiger" Sex bringt uns leichter und schneller der Erleuchtung nahe als Yoga-, Meditations- oder Fastenmethoden. Genussvoller Sex ist für unsere Entwicklung und Entfaltung enorm wichtig und gesund. Er stimuliert das Immunsystem, beugt Erkrankungen vor und spielt bei Herzinfarkt, Burn-out und Depression eine bedeutende Rolle! Das sagt nicht nur die Wissenschaft.

Susanne Wendel beschreibt in GESUNDGEVÖGELT ihren eigenen Weg aus der Moralfalle und zeigt ungewöhnliche und ehrliche Wege zu erfüllender Sexualität.

Susanne Wendel
Gesundgevögelt

Umfang: 176 Seiten
Format: 14,8 x 21,0 cm
Gebunden
ISBN 978-3-942-88001-5
HORIZON

WWW.HORIZONWORLD.DE

HORIZONWORLD ist der neue Online-Ratgeber!

Entdecke jetzt auf der **HORIZONWORLD** tägliche Inspirationen und Expertentipps über die wichtigen Lebens- und Alltagsfragen. Stets aktuelle Beiträge zu Filmen und Büchern runden das Lesevergnügen ab. Endlich gibt es einen Ratgeber, der den neuen Lebensstil des 21. Jahrhunderts beleuchtet und wissenschaftliche Erkenntnisse und Spiritualität miteinander verbindet.

Wie das Leben leichter geht!

Bewusst zu leben, geht hier ganz einfach
– alle wichtigen Themen sind auf der interaktiven Plattform vertreten:

· Meditation und Yoga
· Stressmanagement und Psychologie
· Gesunde Ernährung und Heilung
· Ökologie und Nachhaltigkeit
· Liebe und Sexualität

Wann bist Du mit dabei?

WWW.**HORIZONWORLD**.DE

BÜCHER, DIE UNS INSPIRIEREN

Becker, Sonja: Die Chefin – Der Weg zur eigenen Existenz
Becker, Sonja/Sage, Martin: Coaching – Erfolg im 21. Jahrhundert
Bergner, Daniel: Die versteckte Lust der Frauen
Branson, Richard: Geht nicht gibt's nicht!
Buchenau, Peter (Hrsg.): Chefsache Gesundheit
Christakis, Nicolas/Fowler, James: Connected!
Covey, Stephen R.: Die 7 Wege zur Effektivität
Engel, Birgit & Tomasek-Sage, Gigi: Hallo Tarzan!
Ferris, Timothy: Die 4-Stunden-Woche
Grube, Udo: Bleep oder wie man Spiritualität mit 3 Whiskey-Cola verbindet
Hüther, Gerald: Jedes Kind ist hochbegabt
Hüther, Gerald: Männer – das schwache Geschlecht und sein Gehirn
Hüther, Gerald: Was wir sind und was wir sein könnten
Janzky, Sven Gabor: Rulebreaker
Kiyosaki, Robert T.: Rich Dad, Poor Dad
Malchow, Julia: Mut für Zwei
Mika, Bascha: Die Feigheit der Frauen
Mika, Bascha: Mutprobe
Sage, Martin: Lebe Deinen Traum
Scherer, Hermann: Jenseits vom Mittelmaß
Tolle, Eckhart: Jetzt – die Kraft der Gegenwart
Wattles, Wallace: Die Wissenschaft des Reichwerdens
Winget, Larry: Halt den Mund, hör auf zu heulen und lebe endlich!

FILME, DIE UNS INSPIRIEREN:

Alphabet, Born to be wild, Captain Future, Carl und Bertha, Coach Carter, Das Beste kommt zum Schluss, Die nackte Wahrheit, Die vierte Revolution, Enzo Ferrari, Karate Kid, Peaceful Warrior, The King's Speech und viele weitere, die uns jetzt nicht mehr einfallen …